更好的阅读

男というもの

男人这东西

〔日〕渡边淳一／著

陆求实／译

九州出版社
JIUZHOUPRESS

图书在版编目（CIP）数据

男人这东西 / (日) 渡边淳一著；陆求实译. —北京：九州出版社, 2014.7（2015.10重印）

（渡边淳一经典作品集）

ISBN 978-7-5108-3141-6

Ⅰ. ①男… Ⅱ. ①渡… ②陆… Ⅲ. ①男性－性学 Ⅳ. ①C913.14

中国版本图书馆CIP数据核字(2014)第170576号

版权合同登记号 图字：01-2014-5876

男人这东西

作　　者	(日) 渡边淳一 著　陆求实 译
出版发行	九州出版社
出 版 人	黄宪华
地　　址	北京市西城区阜外大街甲35号（100037）
发行电话	(010) 68992190/3/5/6
网　　址	www.jiuzhoupress.com
电子邮箱	jiuzhou@jiuzhoupress.com
印　　刷	三河市万龙印装有限公司
开　　本	880毫米×1230毫米　32开
印　　张	9.75
字　　数	206千字
版　　次	2014年9月第1版
印　　次	2015年10月第9次印刷
书　　号	ISBN 978-7-5108-3141-6
定　　价	39.80元

前言

本书可以视为男人发自内心的大实话，笔者将结合自身及身边朋友们的体验，来剖析男人从幼少期、青年期一直到壮年期的身心发展历程。

之所以有此一举，乃是因为一般女性一方面出乎意料地对于男性肉体和精神的内面世界并不了解，即便身为妻子、情人，女性也很少会深入丈夫或男友的内里去探寻他们的生理和身体状况。况且，就算她们愿意那样做，事实上她们也无从探寻，难以把握。

另一方面，男人很少愿意积极主动地向女人敞开自己的内面世界，一来是因为男人们认为袒露那种事情没什么光彩，二来也因为在男人当中有这样一种根深蒂固的观念："沉默是金""男人不应该多嘴多舌地谈论自己的事情"。

然而，如今的时代已不再是"对对方的性了解不了解都无所谓""不该谈论那种无聊话题"。相反，如果人们能够敞开心扉，充分了解男女之间的差异，在此基础上增进两性间的关系，那么男女之间不仅可以多一些关心体贴，而且从积极的方面看，这样做还具有刺激性，使得男女之间维持一种更加良好的状态。

诚然，如果一个人生而为女人，那么终身将无法改变其女人的本来属性，从这个角度讲，女人想要真正理解男人或许绝非易事，同样的道理，男性想要真正理解女性也是近乎不可能的。但是，因为不了解便袖手充耳、不闻不问，与哪怕一点点也好，应尽力去了解对方，两种截然不同的态度，导致的结果自然也会大相径庭。即便不可能完全站到对方的立场上，但只要你迈出愿意理解的一步，那么就一定能够获得更多的理解，并可以进而扩展你作为一个人的广度和深度。

目　录

·第一章·

幼少期

如何驯服大腿间那匹狂暴的“烈马”，他们被这个难题压迫得喘不过气来。

无论男人或女人，要想长大成人委实是“戛戛乎难哉”。这里所说的长大成人，是指无论肉体还是精神方面都健康且成熟的男人和女人。

人的成长，无一例外都要越过形形色色的障碍、壁垒，经历一个繁难的成熟过程。例如女性，首先要经历初潮，接着是克服由此引起的惊恐和迷惘，再接着会与男性发生性交合，一直到妊娠、生产……这个过程无疑是一条复杂、艰难之路，对女性来说自不待言，即使男性在某种程度上对之也有所了解。

其实男性也一样。为了成为一个成熟的男人，他们必须艰辛跋涉，走过漫漫长路，在此过程中他们会体验到种种挫折、焦虑和失意。

然而，女性对这些情况似乎出人意料地缺乏了解。她们简单地认为：男人真是单纯而省心的家伙！因此，她们往往会在不经意间伤害男性，或者相互间不断产生无聊的误会。

一般而言，人们普遍认为女性的身体敏感而又复杂。事实上男性也大致如此，有时候，甚至还有比女性更加复杂而天真的一面。

男人们是如何伴随着自己那多事之秋般的身体，与之一路较量而走向成熟的呢？关于这一点，让我们按照成长的顺序先从幼儿期说起吧。

首先，男孩早在四至五岁的时候便隐隐地感觉到“性”或者说“性感”这东西了。笔者这样说，想必许多人会不以为然。但是，男性的性觉醒比女性想象的要早得多。

常常有些母亲觉得男孩的小鸡鸡很可爱，便用手指轻弹或用脸颊去亲摩，殊不知，这时候男孩已经能够感知母亲或者说女人对自己的小鸡鸡怀有一种近乎钟溺的喜爱之情。

这种感觉会变成一种美妙的记忆，在男孩的意识深处生根，并且暗暗地等待重新唤回这种感觉的时刻的到来。由此产生的对阴茎的一种类似于自负的感觉，使得他们故意在女孩面前暴露小鸡鸡，或者向母亲炫耀似的显示因尿意而胀鼓鼓的小鸡鸡，以此种方式来获得满足。男性的阴茎自呱呱坠地之时起便突出于外，当然谁都不可能意识不到它的存在。

稍稍长大便进入小学时代，这期间男孩已能够清晰地将女性置于异性的地位来审视。入浴时，他们会不知不觉地对母亲赤裸的身体产生兴趣，视线在其乳房或臀部周围逡巡。其实自进入幼儿园起，男孩便对同龄女孩发生了兴趣，开始关注起异性，稍稍早熟点的男孩甚至会有窥探女性秘处的欲念。男孩有时揪女孩的头发、欺侮她们，不过是不恰当地发泄这种强烈欲望的表现方式。

当然，在这种阶段还只是肉体方面的冲动，尚未升华为精神性的情感。然而到了小学低年级阶段，男孩就对女性怀有强烈的憧憬或执迷了。有些早熟的男孩开始羞于和母亲一同入浴，对异性的关注也多了一份精神性的东西，这种关注会通过诸如恋慕邻居家的姐姐，或者成为女明星的狂热粉丝等形式表现出来。

再进一步，到了小学高年级，男孩对异性的关注更加明目张胆起来，他们由被动转为主动，开始对形形色色与性有关的东西产生浓厚的兴趣。

到了初中一、二年级，性成为男孩生存过程中不可或缺的主题，从这时起，男孩们便迎来了动荡不安的时代，因为身体内部的内生性性欲将令他们烦恼不已，不知该如何应付。

男孩们会在某一天，突如其来地感受到自己体内潜藏着狼突鸱张般躁动狂逸的性欲。

笔者也曾有过大腿之间陡生一种从未有过的、莫名其妙的胀痛感的体会。一次，笔者正坐着查阅辞典，当“性器”这个字眼跃入眼帘时，大腿中间好像被什么东西弹了一下似的，不知不觉间，那玩意儿已翘立起来。霎时间，感觉自己似乎做了什么错事似的慌忙用手去安抚它，可就在触到它的一刹那，又引起一阵几乎麻木的快感。记得当时脑子里满是那种慌乱而惬意的感觉。

当时心想：“不可以抚弄它！”便用双腿夹紧那玩意儿想将它摆平，没想到这样反而令它增强快感，比先前更加昂扬起来。于是，体内就像饲养了一匹狂纵的野马，笔者懵怔着不知道怎样才能制服它,等回过神来的时候,发现手上握住那玩意儿,正在不停地搓挲着。

就这样,男孩的自慰行为与其说是自然而然发生的,毋宁说它的发生是理所当然的。

这种最初的体验往往伴随着惊慌失措,然而由此感受到的快感对于男孩来说却具有极为强烈的震撼力,是其以往从未感受过的,并且在以后的生涯中始终留下深刻的印象。而一旦体验到这种自慰的快感,男孩便欲罢不能,有时哪怕正在学习,那玩意儿也会突然翘起,同时像被烈焰灼烧般地坐立不安,全然无法专注于学习。

总之,人身上最为敏感的性器明显突出于外,而且可以随意触及,发生自慰行为几乎就是不可避免的了。男孩的这种困窘,恐怕是那些性器天生隐匿于身体深处的女孩无法理解的。

自然,自慰会引起射精,从而导致身乏神疲,倦沓沓,萎蔫蔫的。然而因为年轻气盛,隔不了多久又会翘起。毫不夸张地说,男孩们几乎每天都处在这样的反复之中。

男孩们对这种手淫行为当然也怀有罪恶感。有时候会突然感到口干舌燥、面红耳赤,升腾起一种莫名的激动和兴奋,根本无法学习,令他们在感到自己做了难以启齿的错事的同时,还会觉得自己背叛和辜负了父母的关爱。此外他们还会担心:每天搓挲那个地方会不会感染细菌患上什么疾病?它会不会变得畸形?

一方面他们难免会有上述种种不安,同时另一方面,通过自慰,他们又自豪和得意地觉得自己终于成为一个男人了。

如前所述，自慰无时无刻不伴随着形形色色的精神压力，尽管如此，男孩们仍是欲罢不能，而且一旦体会到自慰的滋味，以后任何东西都会成为刺激性欲的诱因。例如，看书时看到“女人”这个词，身体马上就会发热；翻词典时无意中看到“子宫”“阴部”“阴道”之类与女性或性有关的词语，也会热血直冲脑顶，那里变得直挺挺的。更不需要说母亲或姐姐不经意脱下来扔在那里的乳罩、短裤或晾晒着的内衣等，都是挑动其性欲的对象。

假如男孩将这些东西藏匿起来，一定会被大人们斥责为“下流！”不过在斥责孩子之前，笔者倒觉得该斥责的其实应该是女人们，为什么大大咧咧地将这些“危险品”置于男孩眼前呢?

同时，母亲们不经意的行为对男孩们来说往往也会成为困扰。例如，表达疼爱之情时母亲常常喜欢用脸颊去蹭男孩的脸蛋，或者将男孩紧搂在胸前，而这些行为会形成性的刺激令男孩兴奋，有时情不自禁下面就会挺起来。

时常听到母亲们抱怨说：“我儿子上小学的时候说什么他都肯听，可是一上中学就变得不听话了……”她们担心“这是不是孩子到了反抗期，圆满的母子关系将一去不复返的征兆？”母亲们无不为此感到伤心。事实上男孩到了中学时代，开始与母亲疏远、不再听从母亲的指挥是极为自然的事情。因为这个年龄的男孩本能地感觉到，母亲的女人角色对自己来说是一种威胁，所以他们不希望作为女人的母亲接近自己。如果母亲迫得太近，说不定“那家伙”会不听话地翘立起来，那样的话自己也将手足无措。因而作为男孩有男孩的苦恼和畏怯，他们实在不想让自己的母亲看到他们那种羞愧难当的场面。

然而，许多母亲不了解这一点，男孩们越是敬而远之，她们越会黏住不舍，拼命想挽回以前的那种融洽关系。尤其是近年来独生子女越来越多，母亲们越加在孩子身上花费过多的心思，其实对男孩们来说，没有比这更令他们感到困扰的了。

这个时期的男孩们对父母的性生活也非常敏感。

自己是一个人睡，为什么爸爸和妈妈却睡在一起呢？难道大人们正在做听闻中的那种情色勾当？男孩们怀着好奇心，有时到了夜晚忍不住竖起耳朵偷听细微，或者蹑手蹑脚地走到父母的房门前窥伺室内动静……当然，一旦看到父母间那种私密行为，男孩们无疑会遭受相当大的震撼，尽管如此，他们仍然抑制不住想窥伺的好奇心。

此外，假如学校里有漂亮迷人的女教师，男孩们也会因为意识到她的女性魅力而心神不宁，有时候将其当作手淫时的幻想对象。

对此女人们常会骂一句："下流！"然而，女人成为男人手淫时的幻想对象，只能说明男人已经将她的形象铭刻在脑子里，为她痴迷，为她陶醉，成为他理想中的圣母马利亚。因此，女性完全不必为此颦眉怒斥。

女教师不同于女同学或身边的其他女性，她是男孩可望而不可即的存在。正因为如此，她在男孩心目中的形象往往很高大。有时候男孩因为不能恰当地表达这种爱慕与尊敬交织在一起的情感，也会反向地做出一些故意难为女教师或是气气女教师的事情来。

这种捉弄女教师的行为并非完全出自恶意，因为他们想向这个女人夸耀自我，显示自己的存在，却采取了不甚恰当的做法。想惹对方流泪，想让对方狼狈无措，这本身就是与怜爱互为表里的另一种表达方式，而一旦女教师真的犯难了，男孩们就会有逞现一下“英雄救美”的念头。老实说，这种复杂的感情不是男孩们所能够收放自如，从容操控的。

从这个时候起，男孩们开始与同窗好友交换某种“情报”。

受对性交、女性生殖器等好奇心的驱使，他们会到处收寻各种各样有关性的知识。当然，他们大体上知道性交行为就是将自己的阴茎插入女性的那个地方，那么，“那个地方”究竟是什么样的呢?于是他们对“那个地方”产生了浓厚的兴趣。

他们弄来色情书刊或女人的裸体照片在伙伴中传阅，并开始在抽屉中藏匿传授性知识的书籍和色情录像带。记得笔者也曾在这个年龄段涉猎过形形色色与性有关的书籍。

这个时期的男孩们都对母亲保留着诸多秘密。其中一个秘密就是由于多次射精或梦遗，自己的内裤泛出黄色的污迹。然而，男孩们根本不愿让身为女人的母亲知道自己有自慰行为。这种时候，倘若母亲毫不客气地指出“你的内裤怎么这么脏啦”之类的话，他们就会羞得无地自容，仿佛自己的隐秘部位被人昭然目睹似的，对无意中说出这种触动神经的话的母亲产生厌嫌。

男孩们的抽屉内会塞满裸体照片、黄色书刊、色情录像带之类所谓的“机密资料”。这些东西对母亲们而言是不堪入目的东西，然而对男孩们来说却是慰藉自己，传递快乐的宝贝。

因此，男孩与母亲之间经常会发生这样的顶撞：

“我去上学的时候，你为什么进我房间？”

“帮你打扫房间啊，因为你从来不知道打扫。”

“不用你管！我不是一直跟你说不要进我房间吗？”

因为有太多的秘密，所以男孩们对母亲进入自己的房间极为不满。这种情况下，母亲应该在男孩说“麻烦你帮我打扫一下吧”时才进去，其余时间听之任之即可，即使房间里脏乱不堪，男孩们也绝对不会容忍大人擅自闯入的。

话说回来，母亲们恐怕也不单单是为了打扫才进入儿子房间的吧？儿子最近在想什么？他的注意力集中在什么事情上？对什么东西特别感兴趣？——如果说没有一点想探知某些答案的想法，那纯属自欺欺人。然而，冒冒失失闯进去侦查的结果，却是目睹了一大堆猥亵黄色的东西，不由得大惊失色。

再看母亲们是何种反应：她们或是怒不可遏：“我以为他在学习呢，没想到在看这种东西！”或是悲叹不止，一个劲儿地骂儿子变态。

但翻看那种东西是男孩正常发育过程中无法避免的事情，倘若母亲将这种行为斥为“下流”，那她的想法本身就有问题，或者委婉地说，是母亲对孩子缺乏足够的理解。

笔者感到幸运的是，笔者母亲不太干涉笔者个人的私事，因此母子间没有发生过这一类摩擦。当然笔者自己也绞尽了脑汁，绝对不让母亲发现笔者藏匿的东西，书桌抽屉不保险，笔者就将它们夹在书架上的精装书中间，或者将它们粘贴在镜框后面……

最让人惴惴不安的是，正在手淫的时候被母亲撞了个正着怎么办？假装正在学习的样子，其实手放在桌子下面搓挲那个地方，同时还要时刻留神母亲的动静，万一母亲蹑手蹑脚地突然闯进来，那就惨了。即便慌忙用书本来掩盖，仍然掩饰不住那种怪异的气氛，一句“你在干什么”的诘问，再加上一句“看你的脸像被火烤似的通红”，简直让人无地自容。

这种事情反复两三次后，男孩们注定要将房间上锁了，并且还会铁着脸凶巴巴地对母亲说：“我好好地集中精力学习的时候，请你不要随便进来！”“如果我想喝东西自己会去取的，不用你操心。”

然而，不少母亲还是假借关心复习迎考的儿子而突然进入房间，其实是瞎操闲心，殊不知这样反而会令男孩更加焦灼不安。

倘若不幸被母亲抓到了现行，目击儿子看色情录像或者自慰的场面……她们一定会惊恐万状，情不自禁地大声怒斥：“真下流！”然后说不定会立即命令丈夫道，“你好好管教一下儿子！”

但是身为男人的丈夫，百分之百地不会狠狠数落儿子。即使开口，也只不过含糊其词地咕哝一句：“你注意点，不要太过分了。”因为丈夫无疑也是“前科犯”，在少年期至青春期那段日子里肯定也做过同样的事情。

与性有关的种种行为，只要是在家里，就不得不对父母绝对保密，因为毕竟是见不得人的事情。然而，一旦到了学校，却反而成了值得骄傲、值得炫耀的事情了。

在学校这样由男性构成的社会群体中，对性了解得越多就越受同伴尊敬，在群体中地位越高。反之，倘若被人斥责说“这家伙什么也不懂嘛！”那就不啻一种莫大的屈辱。在这方面开窍晚的男孩不仅被人当作傻瓜，而且常常成为被欺侮的对象。

能够得意扬扬地比画说：“女人的那个地方是这样的。”男孩会被同伴高看一眼。进入高中时代，与女孩实际发生过性关系的男孩会多起来，这种男孩非但会被高看一眼，甚至会被当作尊敬和崇拜的对象。相反，那些对性一无所知、缺乏勇气又缺少女人缘的男孩就会自惭自馁，他们怀疑自己会不会因为稚气不解事而使女人不屑一顾？甚至还会担心自己那家伙是不是发育不良？他们头脑中时常掠过此种不安，以致失去男孩的自信。

一般情况下，在男子学校，体格健壮或在性方面发育较早的男孩较之学习成绩出色的男孩更受同伴尊敬。因此，那些调皮捣蛋的不良少年尽管学习成绩不佳却照样能趾高气扬，比循规蹈矩的优等生更加吃得开，这种现象一点也不稀奇。

这与女子学校的情形截然不同。在女子学校，性早熟的女孩或者已有过性经验的女孩往往被置于教师监视的目光之下。

母亲们常常训斥儿子："为什么跟那种坏人来往？"然而，母子两人的感觉时常相差甚远，在母亲看来是"坏人"，但在儿子眼里却多是"了不起的人"。或许女性对于这种感觉很难理解，但对男性而言，善恶在其次，而更强、更凶、更加大胆无畏才是制服他人，使之屈从自己的条件。

这种只适用于男性的序列意识在男性头脑中根深蒂固，贯之终身。因此，倘若对女性怯懦畏进，被女人低看一眼的男人一生都难以摆脱自卑感的折磨。虽然说"男人事业为先"，但也完全可以这样说，其实男人头脑中无时无刻不装着女人，之所以拼命工作，寻求出人头地的机会，最终还是为了在女性面前一逞男儿本色。

如前所述，我们相信：人类终究难逃动物这一本质属性的桎梏，倘若人类果真是唯一具有高度理性或知性的话，那么，与异性的关系以及自身的体格健弱等就不会同序列意识扯上关系。在动物世界里，兽王不仅是族群中最强健的，而且在性方面也处于优势，例如在猴群中，猴王便可以同时拥有若干只雌猴并且傲视群猴。虽然说人类社会已经发展为理性和文明的社会，但是究其源头，在其深层动物社会的伦理依旧脉脉相传，绵延不绝。

而就在男孩们与狂风骤雨般凶猛不羁的性冲动苦苦鏖战的受难季节，同龄的女孩们却将自己的梦想寄托于少女漫画所描绘的爱情故事中。男人和女人对于性的感知方式的差异非比寻常。

十来岁的时候，大多数女孩将恋爱这件事情看得极其浪漫，充满了美好的憧憬。而同一时期的男孩，显然就没有这么多精神层面的东西，倘若他们表现得纯真烂漫，那一定是因为缺乏表现力才显得如此笨拙。事实上他们面临的问题更为现实——如何驯服大腿间那匹狂暴的“烈马”，他们被这个难题压迫得喘不过气来。

因此，仅就少男少女时期而言，女孩远比男孩浪漫得多。

让我们来观察一下具体情形。假设有位男孩在同学中发现一位令他怦然心动的女孩，又假设他运气不坏，开始跟少女约会了，这种时候，男孩一定暗暗期待着能够搂住女孩，上下其手。说得更坦率，更直白些，他期待着同女孩接吻，将她脱得寸缕不挂，如果可能的话更想一步到位与她发生性关系。

当然，这种场合男孩也会心怀不安：万一被她拒绝怎么办？如果惹女孩厌嫌就糟了，这一点或许更让男孩惴惮。还有，自己能够令她尽情享受欢悦吗？这时候的他们还缺乏作为一个男人的自信，故而才会生出种种怯馁、苦恼。

对于性，男孩们一方面难以平抑心中的不安，另一方面又抱有尝试性爱的愿望，他们置身于这两种相互对立、相互矛盾的情感中，挣扎、烦恼。

最为理想的，莫过于在性欲最旺盛的高中时代便拥有一位恋人，可以尽情享受性爱，然后集中精力在学习上，这样或许对男人的身心健康更加有益，至少从性欲旺盛的角度说，这种做法更加自然。事实上，在动物世界里我们看到的就是这种方式。

然而，只有在人类社会尤其是像日本这样升学考试压力巨大的国度，性欲最旺盛的时期却必须面对残酷的现实，日复一日地伏案苦读。在这种状态下，一旦偷尝了爱的禁果，他们只会陷入其中难以自拔，学习更加难以保证。

倘若担心会影响到学习便要求孩子们既不能涉足性爱，又不准自慰，那么又如何来抑制他们这种内生性的性躁动呢？正如前文多次论述过的，十几岁男孩的性冲动并不是说抑制就能轻易抑制的。

假如父母认同了这一点，那么为了不荒废学业，应该怎么办呢？直截了当地从结论说起，那就是对于正在复习迎考的男孩们睁一只眼闭一只眼，即便知道他们在自慰，大人们也不妨装作不知道，这样做或许更好。只要是男性，自然都会有性冲动，这是无法抹消的事实，甚至可以说，这是繁衍子孙后代所必不可少的天性，是不以人的意志而转移的。总之，既会很自然地有自慰行为，又能够潜心学习，这样的男孩才能成长为健康、强壮的男子汉。

话说回来，假如仅仅从学习方面来看，同样是十几岁的少年，女孩显然比男孩处于更加有利的地位。

在今天这种激烈的升学考试压力下，对男孩来说是一种相当残酷的考验。如果能参加体育兴趣小组大运动量地训练，舒络筋骨倒还罢了，倘若在学校便闷在教室，回到家里又被迫钻进自己的房间里埋头学习，整天坐着的话，男孩们体内的能量就会蓄积过剩。由于男孩们不得不在这样的状态下坚持学习，而同时不必如此因性欲而烦恼的女孩们学习成绩好也是理所当然的了。

因此，男孩能否在残酷的升学竞争中胜出，可以说关键的问题就在于如何克制自己内在的性欲。

除了个别极具有天才头脑的人，能够在升学竞争中胜出的只有两种人：一种是自我抑制能力极强的人，能够抑制自己的性欲；另一种就是天生性欲极弱的人。换句话说，只有从小就习惯于控制自己的性冲动，养成抑欲癖的男孩才能在升学竞争中脱颖而出。

据说某位女孩同毕业于名牌大学的高才生结婚，不久便发现丈夫是阳痿。仔细想来，这种事情一点也不足为奇。因为倘若男人拼命抑制自己的性欲、一味读书，那么他的性欲会逐渐萎缩，以致光知道读书而在性方面却成了幼稚无比的“白痴天才”。

男性与女性之间的根本区别在于，男性即使不同女性发生性关系，从中学一、二年级开始，他们也已经大致感受到性快感了。在这时期通过自慰获得的快感比起到了三四十岁与女性交合而获得的快感来不相上下，无分伯仲。说句极端的话，较之以后通过与女性交合而得到的快感，那种面前放着一张低俗的裸体照片，通过自己的手搓挲而得到的快感或许来得更加强烈。

女人的性快感则是通过与自己所喜爱的男人交合，而被慢慢唤醒、开发出来的。与此相对，男人的性快感自少年时代便伴随着强烈的冲动获得自立了，并且存在着如何把握、控制它的问题，因此可以说，作为一个性别，男人其实真的是很麻烦的人。

·第二章·

彷徨与决断

要想顺利达成目的，对男性来说绝非易事，可以说这是自信与怯懦的斗争。

对男人而言，不论年龄，和相爱的女人何时进入肉体关系是一个不容回避的重大课题。具体来说，男人同喜爱的女性已经开始约会，但是再往前一步，什么时候、采取什么方式才能发展到发生性关系这一步？还有，一旦交合怎样才能令女性得到满足？这类烦恼想必没有一个男人不曾体验过。

事实上，这种烦恼远比女性想象的要厉害得多。从初次约会开始，许多男人便为这种欲望的纠葛和精神压力所折磨，这种精神上的痛苦女性往往毫无觉察，也无法理解。

然而，只要男人觅不到合适的机会跨越这道防线，那么男女间的关系将始终如两条平行线，得不到进一步的加深。当然，或许也会有女性主动向男性敞开防线的，但这只是极个别的例子。

一个男人邂逅某个女性，一直到他终于突破防线，同这个女性顺利交合，男人会因为什么事情而烦恼和彷徨？下面笔者将主要围绕男人是如何煞费苦心地谋划，又是采取怎样的具体行动来做一番描述。

男人一旦希望与某个特定的女性发生密切关系，一般首先会邀请她吃饭或看电影以实现与其约会。完成这一步并不难，只要不是过分消极或者自尊心过高的男人，都应该能以比较轻松的心情达成目的。在女性应邀赴约两三次共同进餐的过程中，男人便会产生贴近、触摸女性身体的欲望。

第一个步骤是接吻，问题是何时、以何种方式进行。毫不夸张地说，约会的时候男人始终都在考虑接吻的时机。这样一讲，或许有的女性会担心，男人在动这种脑筋的时候会不会下身鼓起，弄得双方尴尬不已？一般在街上散步或是进餐时，是不会出现这种尴尬的，因此没有必要担心。

一般来说，男人在怀有这种欲望和意图时，首先会希冀进一步了解对方，同时也努力将自己的好感传达给对方知晓。

不言而喻，双方肉体接触的前提条件必须是相互抱有好感，彼此感觉可以信赖、可以安心。假设这一前提条件已经充分具备，接下来该如何行动呢？一般来讲，是尽力延长约会时间，例如提议换个地方去喝点什么，或者到公园的僻静处小憩稍许，等等。一旦发出了这种邀请，便大致可以断定男人怀有某种目的，或者说别有用意。

此外，边饮酒边通过轻触对方的手，或者用膝盖去碰对方的膝盖等轻微的身体接触来确认对方的反应，这也是常见的伎俩。在酒吧里，并排坐在吧台上便是为了使出这一手，通过肩与肩的相互接触，可以试探出对方的态度。倘若对方条件反射似的将手或膝盖迅速缩回，那么基本可以断定后面没戏了。

这种“有戏”和“没戏”的慧眼识透，没有一定程度的经验累积是无法做到的，因为一旦看走眼，误会了对方的心思，或者时机把握不当就会以失败告终。即便操之过急而遭对方拒绝，但如果更加委婉、小心翼翼去做的话，兴许还能柳暗花明，绝处逢生——这种识透绝非易事。尤其是男人经常会产生错觉，如公司女职员受到男上司邀约吃饭喝酒，一般都会欣然同意，但是这未必是出自好感才答应的，只是碍于上司的情面不便拒绝罢了，但是不少男人却误以为女职员对自己有意。

总而言之，男人拼命运用各种“石蕊试纸”来测试和判断对方：是否会同意接吻？是否会应允以身相许？一般的做法是，男人在约会之前便已将当晚自己准备采取的行动方案进行一番推演，计划好何时，在何处进行接吻。而约会时，男人时刻在绞尽脑汁思考着下一个步骤，因此往往显得交谈心不在焉，吃东西也全然不知其味。有时对方明明满怀诚意期待着一场愉悦的对话，但是运气不佳的男人却因此而给人留下这样的印象：他对我说的话一点也不感兴趣。结果扫了对方的兴致。

姑且不说这类例子。假设进行得比较顺利，即可以断定接下去“有戏”的场合，接吻应该是顺理成章的，但不可能在大庭广众面前贸然相求，于是两人前往避开众目的僻静地方。

这种场合，最为简单易行且成功率高的方法是邀请对方乘车去兜风。车内毕竟如同密室，整个空间只有二人，加之可以随意驶往夜色优美的地方或是海边等环境适宜的去处，此外，还可以通过播放 CD、电台音乐来营造气氛，对于男人来说这种情境有助于他们较从容地掌握主动权。

没有私家车的情况下，可以去公园散步，或送对方至住处附近，然后抓住机会采取行动。这种情况下多数男人要喝酒，因为万一被对方拒绝，也可以用“对不起，我有点喝多了……”这样的话为自己解围，而有意准备好逃路的似乎大多是较懦弱的知识分子。

日语中早有“跟屁狼”一词，用来比喻男人假托护送女性回家意图调戏对方。笔者在这里反其意而用之，男人送女性回家途中不妨心中暗存他意。特别是女性独居的场合，男性就可以期待对方发出“进来喝口茶吧”的邀请。如果对方没有表示，男人可以主动提出：“能给我口水喝吗？”或者，“我想欣赏一下你的房间。”一般让男人将话挑得这么直白也不容易，所以倘若女性也有此意，则可主动邀请道：“顺便进来坐会儿吧。”简简单单一句话会令男人如释重负。

反之，男人邀请女性到自己住的地方（尚未成家单身居住的场合）更加常见。此时，男性的惯用手段是以“我有样东西要给你……”“我想让你看一样东西，进来坐一会儿吧”之类的话做借口。

即便二人终于能独处一室，也不见得能达到接吻的目的。如果二人隔桌相向而坐，要想越过桌子靠近对方就不方便了。

假如是脑子灵活的男人，往往会装模作样地打开冰箱取东西，或去一下洗手间，离开自己的座位，等返回来时大大方方地坐到对方身旁，或至多隔着桌角坐在另一边，这样通过变换位置的方法以靠近女性。木讷、不擅长与女性交往的男人，即使在氛围上佳的情况下也不懂得随机应变，一直呆呆地与女性相向而坐，这样，难保不会错失良机。

对于这种情况，倘若女性有意，则可以若无其事地变换一下位置，以减轻男性的心理负担，这或许正可以体现女性善解人意之处。

如此这般，总算跨过第一道关隘，可以一吻香唇了，但如何才能进入发生性关系的阶段呢？还有更为严峻的考验横在面前。

坦率地讲，男人从对女性抱有好感那一瞬间开始，便期待着与之发生肉体关系，脑海中无时无刻不在涌动着这样的念头。但是，要想顺利达成目的，对男性来说绝非易事，可以说这是自信与怯懦的斗争。

男女交合，首先必须女性有此意，同时需要男人善于体察女性的心思并能恰到好处地把握时机，这种体察和瞬间判断来自与生俱来的出色直觉以及经验的累积，而不是从理论上可以说清楚的。

不过可以肯定的是，一般情况下，男人如果邂逅了女性很长时间仍然没有发生肉体关系的话，便错过了最佳时机，再想进展反而会变得更加困难。这段时间究竟多久为宜无法一概而论，但如果超过了半年，那么再采取行动就困难重重了。甚至会产生这样的悲喜剧，在这期间，女性得出了这样一个结论：大概这个男人没有这方面的要求吧。如此一来，男人更是陷入进退两难的境地，不知不觉间，两人的关系已经由恋人关系演变为普通朋友了。

如果两人可以说是互生好感，并且女性似乎也有接受自己的意向，一旦体察到这一点，下一步如何进行呢？初次发生性关系时，一般都是由男人提议，所以男人们还得为在何处、采取什么样的具体行动而处心积虑动些脑子。

最理想的情况是，邀请女性“一起去旅行吧”，而对方又欣然同意，这种场合无疑表明双方一拍即合。但是不能指望从未与自己发生过关系的女性会轻易接受这种邀请，因此，之前已有过交合的或许会来得更加自然些。

这种情况下，大多是采取共用晚餐之后去酒店的酒廊继续喝酒的做法，一面喝酒一面若无其事地触碰对方的膝盖或肩臂，来试探其反应。等到可以断定“应该没问题”了，再装作去洗手间而悄悄地办理住宿手续。

然而也有这种情况：女性虽然随同自己进了客房，但最终的结果还是没能如愿以偿。这类失败最大的原因是没有营造出适宜的氛围。当房间内二人独处、四目相对时，男人便急不可耐地抱住对方，结果被对方当头来一句“讨厌！”然后甩掉胳膊，挣脱而去，非但如此，这样还会使得两人的关系一下子恶化。其实这种场合，既然女性肯进入酒店客房，说明她对男人并无恶感，但是男人不懂得营造浪漫的氛围，却突如其来地拥抱住她，对方尚无准备，情绪还没有调动起来，当然无法进入下一步了。此时房间的灯光也是必须注意的，如果光线亮晃晃的，恐怕女性难以投怀送抱，但因此而关闭照明，则又会使女性产生戒备心理。所以说，即使有了二人独处的绝好机会，但出乎意料，如何循序付诸行动仍然是件高难度的事情，有不少男人就因为过于紧张而表现拙笨，做出后悔莫及的事情来。

以下是笔者一位朋友亲身经历的事情——当时对方已进了房间，可光线过于明亮，而且两人还是隔桌相对而坐，他始终在为下一步该怎样进行而发愁。结果，时间不知不觉逝去，对方终于提出："末班车就快没了，我得回去了。"于是他便慌乱起来，自己给自己暗暗鼓劲道："再不行动就没机会了！"不料越是焦急，行动越是出错，最后到嘴边的话竟然是"啊，那我送你下去吧！"结果自然是空忙活一场。

朋友问笔者："我当时怎么做才能如愿以偿呢？"

笔者回答说，你可以说些诸如"夜色真美呀"之类煽情的话，然后一起伫立于窗前欣赏夜景。听笔者这么一讲，朋友脸上立即显出一副懊恼的神情："原来还有这一招啊！"

当然这种办法也不能保证每个人都能如愿以偿。使女性进入一种最佳状态，这是男人的重要职责，做得不好很有可能失去本可以到手的女性。为了避免这种情况发生，就要求男人具有营造氛围的本领，而这点对男人来说，也恰恰是令其烦恼的地方。这种场合，男人应具备的本领不仅指从房间灯光明暗度到背景音乐等氛围安排，以及话题调动等，还包括善于抓住转瞬即逝的良机，适时地将女性拥入怀抱。

擅长同女性打交道的男人，面对初次接触的女性有时也会由于过分慎重小心而弄巧成拙，况且对女性缺少经验的男人，想要顺利地闯过各道难关，更是绝非易事。

毋庸讳言，男人们在初次同女性发生性关系时，事先会无数次地在脑海中进行模拟推演。首先约在何处、去何处用餐，然后如何按部就班一步一步走下去，并不断改进计划，假设进行得不顺利又如何弥补……结果思前虑后，越想心里越不安。针对青年男性杂志上的“约会指南”之类的专题之所以受欢迎，其原因也在于此，而许多男人为了提高成功率，也很热心收集这方面的信息。

但是，无论有多少心理准备、做过多少次模拟推演，事情未必会依愿进行，倒不一定是对方了无此意，有时候因为错过了时机，也可能导致对方不肯应允。

像这样女性不肯应允的情况，男人应该怎么办?

令人遗憾的是，几乎所有的男人不会再次相求，而是选择了放弃。当然，假如对对方迷恋甚深，并且非常执着，挖空心思也要得到对方的男人，也是会伺机卷土重来的。但更多的情形则是，男人们因为精神上的进退攻守早已疲惫不堪，加之遭到拒绝自尊心受到打击，为了免遭更大伤害便宁愿放弃努力。

之所以会这样，还有一个原因则是，男人的性行为直接受大脑支配，因担心被再次拒绝而产生恐惧心理，在极端的情况下甚至会导致阳痿。所以再度追求曾经拒绝过自己的女性，对男人来说，委实需要相当大的勇气。

男女间最悲剧性的事情莫过于机缘的错位。女性即便有接受对方的意愿，也会感觉“现在还不行”，或者希望“再过一段时间”。

作为女性，倘若不将这些情况说清楚，男人是无法明白的，于是会将一次拒绝看得比天还大，从此一蹶不振，消极自卑起来。

因此，如果女性也愿意和这个男人继续相处下去，那么即使当时尚没有做好充足的思想准备，也应尽量讲清楚，避免误会，这样对双方都有好处。

女性有时只是因经期而无法应允。这种时候，假如是曾经有过交合的男人还好说，而对不曾有过性关系的男人，即使坦诚相告："今天我身子不方便"，对方也可能会认为那只是拒绝的借口罢了。于是，本来双方互相感觉不差，只因揣摩不透对方的真实意愿而错失了机缘，这种情况并不少见。倘若一味朝坏的方面去想，就会放弃努力甚至断绝交往。还有一种情形则是，双方的自尊成了最大的妨害，因为害怕失败，于是根本没有花工夫去了解对方的真心，便将机会拱手放走。

总之，只要自己稍加说明一切便会如愿以偿，但遗憾的是许多男女没有这样做，以致互有好感的两个人只能曲尽人散，最终也未能结成良缘，令人惋惜。

因此，女性倘若也愿意接受对方，不妨发出相应的信息，尤其当代，从小娇生惯养的男人日渐增多，这一点显得更有必要。对于一本正经的男人，或者是不擅长同女性打交道的男人，如果女性不采取主动，给对方创造有利于行动的先决条件，恐怕两人的关系永远也无法有所进展。以前面提到的有关房间内照明的问题为例，女性可以主动发出暗示："灯光有些刺眼……"当对方因紧张而手足无措时，女性可以若无其事地坐到他身边，假装“让我看看你的手相”，试着触摸男人的手。女性的这种帮助，能大大减轻对方的心理负担。

近年来，拙于与别人沟通交流的男人似乎越来越多，其中有些男人倘使女性一方不主动创造机会的话，他们简直就一筹莫展，无从入手。遗憾的是，这种状况严重的会导致他们无法与同年代的女性接触，最终产生“洛丽塔情结”[1]。从这个意义上说，同昔日相比，如今的男人或许已经失去了阳刚的雄气。

1 洛丽塔情结：成年男子只对少女产生恋慕之情的变态心理。源于美国作家纳博科夫所著小说《洛丽塔》。

·第三章·

性爱的精神性

男人的性爱行为之身不由己远远超出了女性的想象。

作为探索男人性爱的第一步，首先让我们来考察一下男人的性行为。

性行为中最重要的是阴茎勃起。无须赘言，如果男性的阴茎不勃起，就不可能同女性发生性关系。而对这一点，女性恐怕不会有深刻的认识。有些女性可能对阴茎勃起的样子抱有负面的印象，觉得它是动物本能的体现，给人以野蛮的感觉。事实上，它是一个极易受精神性因素左右，极其敏感，令人深感棘手的象征物。

勃起这种生理现象与大脑有着密切的关系。昂然挺立只是它的一方面，另一方面它却会因为某个细微琐事而萎靡不振，而且这种变化大多受心理因素影响。

显然，如果仅就单纯的勃起能力而言，越是年轻、体力旺盛，勃起能力就越强。但同时，它常常还会受到本人有无自信心和性幻想能力以及外界刺激等因素的影响，尤其是对性行为有无自信心这种精神层面的影响更加显著。因此不能一概而论，认为越年轻勃起能力就越强，这一特征注定了这个问题比一般人想象的还要更加复杂。

人们往往将男女发生性行为称作“肉体关系”，而这似乎只抓住了性爱的一个方面，并没有全部揭示出性爱的本质。

对男人而言，性爱在某种意义上的确是肉体行为，但究其实质，精神因素也不可小觑，它是无法脱离人的心理状态的。之所以下如此断言，是因为男人只有在充满自信的时候阴茎才容易勃起，相反，当男人心里不安、胆怯或忧虑的时候阴茎就不易勃起。

其中有个人的原因，也有社会的原因，无法一言以概之。例如，工作不顺、感觉人生没有意义、地位和收入不稳定，甚至孩子学习成绩不佳、婆媳发生纠纷等家庭的琐事都会引起男人精神紧张、焦虑，从而使得阴茎的勃起能力下降。这种情况如进一步加剧，则导致阳痿的例子也不罕见。

当代社会中，四十来岁可以称之为人生的分水岭，因为此时正处在生死存亡的紧要关头：是再上一个台阶跻身公司的高管阵营，还是无所事事地等待退休，抑或是不幸被重组裁员。本来，四十岁的男人虽然与年轻的时候相比性欲有所减退，但是在经济能力、社会阅历方面，他们都显得从容不迫，性技巧也日臻娴熟，然而近些年来越来越多上了四十岁的男人正是享受性爱的大好年龄，却因为工作压力引起的精神紧张、焦虑等，最终导致阳痿。

另外，在二十至三十岁这个年龄段，即处于适婚期的年轻男人中也出现了阳痿患者增多的现象。这个年龄段的男人原本比四十来岁的男人具有更强的性欲，却患上阳痿，甚至连正常的婚姻关系都无法维系。

时常听到年轻的妻子这样倾诉心中的苦恼：“两人都已经结婚了，可是他却碰都不碰我的身子。”这种情形基本上可以认为，是由于青年男人缺乏性方面的自信心而导致的阳痿。当然，缺乏自信的原因五花八门，但其中大部分确实是属于精神层面的。

阴茎的勃起除了上述种种来自社会的压力、焦躁不安等原因外，疲劳、感冒、睡眠不足等身体因素对其也有很大的影响。换句话说，男性的阴茎是身心健康的风向标，无论是精神还是肉体，任何一个出现了情况，阴茎都会变得勃起困难。

精神与肉体两者中，起因为身体衰弱或是疲劳的阳痿病因十分清楚，随着身体的复原，大多又可勃起自如；但如果是心理性的阳痿，问题就不那么简单了。

作为真实的例子，笔者在此转述一个以前从朋友那儿听来的故事。当时他正与一位女性交往。某日，两人正像往常一样在床上缠绵，对方忽然提议：“用枕头垫在下面会更好。”闻听此言，他顿时便颓挫了，结果两人未能交合。

大多数女性不禁会问：“就这么一句话，怎么会？”究其原因，有以下几方面因素是值得考虑的。

首先，在女性的腰后部垫上枕头可以稍稍抬高其腰部，确实便于阴茎插入，也更加容易刺激到女性阴道内的敏感点，然而由于这是女方提议的，所以，他不禁怀疑起她过去是否和自己以外的其他男人有过类似体验；其次，女性用了“更好”这个字眼，更让他觉得对方的语气似乎在责怪自己以前没能令她得到满足，而希望他今后做得好一点。

当然，这位女性可能仅仅出于单纯的愿望，只不过希望两人的性爱享受百尺竿头更进一步，但是男人却觉得自己被视为性爱拙劣无能的人，故而失去了自信。与此同时，男人想当然地怀疑对方曾经与比自己更精于性技的男人有过交合。于是疑神疑鬼，顿时感觉自己仿佛被另一个男人打败了，从而导致阴茎挫缩不举。由此可见，由于某些女性所无法想象的原因，男人可以在瞬间紧张不安，失去信心。

常常有些男人会在交合之后询问对方：“感觉怎么样？”这样做，其实也是为了给自己增强信心。也有的男人因害怕听到对方回答说“不怎么样”，从而根本不敢问，而是一个人闷在心里自寻烦恼。除非是那些久经情场磨炼，在男女关系中游刃有余，有十足的自信令女性充分满足的男人，绝大多数男人没有那份自信，因而在性爱方面女性不经意的一句话或是某种态度，会令他们亦喜亦忧，并因此而丧失信心，甚至自尊心受到伤害，与对方的关系走入死胡同。

说得绝对一些，男人的阴茎是傲然而立之物，也就是对自己信心满满的时候它就会精神抖擞，但在面对女性缺乏信心的时候，即使在事业或其他方面一帆风顺，它还是无法昂扬起来。

这种场合，所谓自信或许还可以换成另一种说法，即“处于优势”。

当男人对女性持有优越感时，阴茎就会昂然挺立，而持有自卑感的时候，阴茎就会萎靡不振，严重的甚至会导致阳痿。这就是男人在性爱方面的深奥难测之处，恐怕也是女性不甚了解的一面。

笔者年轻时在札幌结识了一位出色的女性。过去她曾与一位公认的花花公子——一位颇有魅力的中年男人有过交往。大概是知道了她这段经历的缘故，当终于得以和她共度良宵的时候，笔者那不争气的家伙却垂头丧气，全然无法做那事。现在回想起来，当时笔者透过她看到了那个中年男人的幻影，由于竭力想做得比那个男人更出色而产生的无形压力，加之对于自己到底能不能战胜他的不安，结果越是性急逞强，那家伙越是萎缩衰歇。到了这个份上，根本就由不得自己的意志控制了，越是焦灼，那家伙就越是不器用。

所幸笔者遇到的是位十分体贴，又善于理解男人的女性。她温柔地宽慰笔者："我喜欢你，只要和你在一起，我就已经很高兴了……"第二天早上，她又对笔者说："我们再一起待一晚吧！"到了夜里，她又再次温柔地对我说："我爱你。"不可思议的是，笔者那前一天还锐挫气索的家伙渐渐变得坚挺了。是她的鼓舞和激励让笔者恢复了自信，从而使得阴茎重新精神抖擞起来。

男人的阴茎比女性想象的要敏感得多，一些微不足道的琐事可以让它萎靡不举，而对方一句体贴的话语或细心的照应又可以使它重新昂然挺立。尤其是当两个人关系不甚融洽的时候，此时男人高度紧张和神经质，女性不经意的一句话就会使男人受到致命的打击，不少男人由此萎靡并长期化，导致阳痿，最终与对方的关系彻底破裂。

这种场合，对男人来说最为残酷的是来自女方的责备，什么“你到底能不能让我满足一下？！”“你这样就完事了？”即使语气没有如此激烈，但诸如“怎么啦？”“累了吗？”“哪儿不舒服？”之类的言辞也会使男人受到伤害，甚至“不要紧，以后会好起来的”或“下次肯定没问题”之类的鼓励有时候也会给男人造成压力，致使其萎靡不举。

一旦碰到男人发生这种情况，女性该如何应对呢？不妨暂且将此事抛之脑后，温柔地对他说一句“我爱你”，同时偎依在他身旁。这虽然不能说是绝对灵验的妙方，但或许是最好的办法。

这里不应忘记的是：对女性爱恋的程度与阴茎勃起的力度之间未必成正比。诚然，终于得以同自己由衷爱恋、魂牵梦萦的女性结合交欢，此时大多数男人都会摩拳擦掌，跃跃欲试，但同时因过度兴奋或紧张，有时反而会出现类似上述身不从心的情况，这其中既有男人自身的原因，也有对方的原因，两者关联微妙，因此无法一言以概之。

尽管如此，好不容易得以同深爱的女性交合，却在此时锐挫气索，没有比这更令男人感到屈辱和遗憾的了。而且一旦发生这种情况，男人会信心大挫，即便机会再次来临，他也可能因担心自己到底行不行而忐忑不安。

正如本章开头所述，阴茎的勃起与自信心、优越感有着密切的关系。一次失败就足以使男人丧失自信，以后勃起就变得越加困难，因而锋芒初砺便辙乱旗靡，会令许多男人即使喜欢对方也不得不忍痛离去，至于少数男人，甚至因偶尔一次失败竟可能导致其后陷入阳痿。这类男人出于若再次失败如何是好的担心，转而变得对女性淡泊无欲，话题几乎不朝那方面引。对此多数女性误以为“这个男人很清纯”“是个诚实的男人”，然而男人之间凭第六感觉就知道“这家伙在那方面缺乏自信”，可是女性就看不透这一点，往往对这种男人给予很高的评价。笔者熟悉的人当中就有这样一个男人，虽然时常出没于银座的繁华夜幕下，却从没有闹出过任何绯闻，女性们纷纷夸赞他“那才叫一个会玩”“玩得很潇洒”，但实际情况却是，他在性爱方面具有强烈的自卑情结，没有自信去接近女性。

近年来日本社会出现了少性化、无性化的现象，越来越多的情侣或夫妻虽然关系和睦，但是性爱关系却很少甚至几乎没有。原因之一恐怕就是当代社会已使男人无法再对女性拥有优越感。

中国古时即有“男女七岁不同席”之说，男孩和女孩是在一种近乎隔绝的环境中长大成熟起来的，故而男人也好女人也好，长成大人之后依然不了解对方。然而进入现代社会，男孩女孩从小就在一起相处，女孩时常表现出学习成绩优于男孩，并且成熟较早，懂得的知识也更多，这样一来，男孩在女孩面前便产生自卑感，完全没有优势可言。加之当代女性往往对人生持有积极进取的态度，对物事有自己的独立见解，而相比之下男人则越来越卑弱，对一切都消极缺乏意欲。

在这样的环境中，男人即使还不至于到阳痿不举的地步，至少性感受能力大大降低，似乎也是不可避免的事情。据说有位丈夫因妻子的年收入超过自己而导致阳痿，妻子至今还不明真相。由此可见，男人的阴茎委实是个非常敏感的器官，一点点小事儿就会令男人产生自卑感，于是在对方面前便难以勃起。

第二次世界大战前，女性长到十七八岁仍不解风情，处女之身便嫁作人妇，那时男人的阴茎似乎比现在要强健得多。当然笔者没有说今不如昔的意思，只是当代社会中男女平等、知识水准普遍提高、进入了信息化社会，男人的性爱能力却在日渐下降，或许这也是时代的发展使然，是无可奈何的事情。

男人由于性欲降低，勃起能力减弱，已经没有了不管如何竭尽全力也要追求女性的动力，于是女性就不得不积极主动地追求起男性来，结果使得男性越加被动，从而陷入了男人越弱女性越强，女性越强男人就更弱的恶性循环当中，故此男人的雄性指数越来越低。

当代社会普遍存在一个极其严重的问题，即男人在性欲最旺盛的十几二十来岁的时候不能够以健康的方式让性欲得到宣泄。

对男性来说，这个年龄本身就不适宜死坐在一个地方苦读。在古代，男人到了这个年龄恐怕早已白天翻山越岭，狩猎干架，争强好胜，到了夜里则同女人调情了。男人的“男”字是“田”下加个“力”字，一如字面所示，男人就应该是一种凭借体力在世上求得生存的动物。

人们往往认为现在的年轻人早熟，但实际上并非如此。过去城里的年轻人很早就开始流连于花街柳巷，而农村里的年轻人则是在十五六岁便开始干越墙翻窗的勾当了，二十岁上下结婚是司空见惯的。而现在的年轻人在性欲最旺盛的时期却不容商量只能被束缚于书桌前，升学考试只需用脑力而不用体力，因此性欲无法通过其他方式得以宣泄。从某种意义上说，这是违背人类生理本能的。

说得极端些，除了极少数的天才，在升学考试中胜出的几乎都是性欲寡弱或是养成了抑欲癖的年轻人，其结果就演变为，越是能考入名牌大学，学历越高的男人，其雄性指数就越低。事实上，根据最近医院妇产科的统计数字，已经揭示了这样一种趋势：学历越高的男人其精子数量越少，而且精子的活动能力也越弱。

时常听说这类高智商的男人踏上社会时，还从来没有同女性接触的经验，等到了一定年龄，大多通过别人介绍与女性相亲结婚，但婚后却发现萎靡不举。这类男人往往在性爱方面怀有自卑情结的同时，自尊心却异常强烈，因此要想拥有圆满的性爱关系难上加难。特别是经人介绍而结婚的夫妇，大多在举行婚礼之前都没有交合经历，这就更容易一直到结婚后才发现原来丈夫身上有问题。

由此不难理解，男人在性爱方面的问题与当代社会环境有着密切的关系。

总而言之，男人的阴茎是个非常敏感而又多难的东西，它不仅受到个人精神状态、身体状况的影响，同时也深受社会因素的影响。社会越是高度发达，男人的雄性指数就越低下，阳痿不举的男人就越多。从某种意义上说，这或许是当代社会特有的病症。

至此，我们一言以概之，将男人力不从心的那种情况称为萎靡不举，但其程度以及类型却林林总总，有些男人无论对方是谁都无法勃起，而有的男子只对特定的女性不能勃起，而与其他女性却能顺遂和谐。不过多数女性却很容易误认为，如果对方与自己不能交合，那么他与其他女性同样不能交合。

事实上，多数男人萎靡不举是在面对某个特定的女性的时候，最具代表性的事例就是，男人往往无法在自己妻子面前勃起。

男人的阴茎在非日常性的情境中容易兴奋，而在日常情境中却特别不易兴奋起来。作为夫妇，男女生活在同一个屋檐下，经常厮守在一起，丈夫不用担心妻子抛弃自己，所以要让男人无时无刻不对妻子充满性爱欲望，委实是件高难度的事情，说得夸张点，或许属于过于严苛的要求。这与爱情匮乏是两码事，现实生活中很多男人非常爱自己的妻子，但对她产生不了性爱欲求。

身为夫妇并不一定意味着男女双方在性爱方面非常相适，不少夫妇从一开始就没享受过性爱的满足。随着双方间紧张感的消失，相互对对方的体恤也会慢慢减弱，不知不觉中妻子可能无意中说出一些令丈夫性爱能力减退的话来，例如丈夫提出要求时妻子不答应，或者妻子对交合的内容向丈夫提出要求：“再做得更棒些呀！”之类。

近年来一些女性杂志的主流论调是：女性也应该在性爱关系中发挥更加积极的作用，要勇于向男人提出合理要求。殊不知，除非夫妇间已经久惯牢成、鱼嬉于水，性爱非常和谐，否则妻子对性爱主动提出要求的话，只会使丈夫性欲减退，垂头丧气。

这里还有一个问题，就是妻子们一厢情愿地认为，既然两人相爱，就应该保持性爱关系。然而，相爱与性爱却是两码事。由于妻子对此没有正确认识，有时便导致夫妻间产生矛盾、关系恶化，甚至发展到离婚的地步。

无论夫妻多么恩爱，由于妻子毕竟生活在日常情境中，结婚十年、十五年仍然要求丈夫对妻子抱有性爱幻想实在是“戛戛乎难哉”。再重申一遍：男人的性爱行为须以阴茎勃起为前提，阴茎勃起才能交合，而勃起现象在非日常性的情境中更容易发生，因此，对于熟悉到极点的女性确实不容易勃起。对此，倘若妻子们指责说没有性爱关系就等于没有了爱情，那么做丈夫的真的是左右为难，急于要为自己辩解了。

要想从婚姻形态中寻求到一切满足，既要有安定的生活、逸乐闲情、孩儿绕膝的天伦之乐，还要有充满激情的性爱，恐怕是无理要求。倘若幻想永远拥有充满激情的性爱，那么妻子就必须生活在非日常性的世界里，恐怕只有平安时代[1]贵族阶层中的“偷婚式通婚”才能保持这种激情，而普通的婚姻形式是解决不了这个问题的。

然而，夫妻间即使没有了充满激情的性爱，双方仍然可以保持不需勃起的性关系，例如相互依偎着，手握在一起等，即使不发生交合，但这种肌肤相亲也能够令夫妇保持圆满的关系，并使妻子心理上感到慰藉。不过，似乎多数日本男人在这方面没有花较多工夫，

1 平安时代：日本古代的最后一个历史时代，自 794 年桓武天皇定都平安京（现在的京都）开始，至 1192 年镰仓幕府建立止。

有点“偷工减料”、敷衍了事的感觉。

男人的性爱问题中还有一点不能忘记，即男人如果不经常与女性保持性关系，慢慢就会养成不愿交合的积习。人们常说，男人的性欲如杯中的水，满了就会溢出，是一种纯粹的生理现象。这话确实反映了事实的一个方面，尤其是男人年轻的时候，性欲确实是如此旺盛，但如果长期抑制，养成了抑欲的癖习，或者到了一定年龄仍长期回避性生活的话，不仅习惯会变成自然，而且男人的性欲会越来越弱，性感受能力也越来越低下。

有些男人喜欢沉迷于自己的爱好，如赌博、赛马、自行车赛等，他们会认为同女性交合是件麻烦的事。大凡热衷于此类活动的人，都会无暇顾及女性，于是渐渐地就成了少性化、无性化的男人，长此以往，有没有性爱对他们来说已经无关痛痒了。

从以上论述中可以看到，男人的性爱行为之身不由己远远超出了女性的想象，可以说，当代社会环境是令男人性爱能力低下的最大原因所在。

但另一方面，现在的女性越来越不屑掩饰自己积极主动去追求性快乐的欲求。这种男女相悖或者说反差现象，可以说正是当代社会的悲剧。无论对于男性还是女性来说，如何积极地去消除这种反差，都是关乎“人生的幸福是什么？”这一人生基本课题的大事。因此，每个人、每对夫妇都应该认真地思考一下。

·第四章·

处女情结

男人真的是个贪婪和会来事的动物。

人们常说：“男人总是渴望成为女人的第一个男人，而女人则希望能够成为男人的最后一个女人。”或许，这种说法从某种意义上正反映出男女在爱情理想上的差异。

毋庸讳言，男人的确渴望成为女人的第一个男人，这便是通常所说的处女情结。在传统的结婚仪式上，新娘身披洁白无瑕的婚纱，便象征着她将自己纯洁无瑕的心灵和肉体一同奉献给爱人。

这种处女尊崇的思维，至今仍被沿袭。

男人在订婚之际特别看重对方是否是处女，假如周围人告诉他：“喂，小子，那女人可有不少绯闻噢”“那女人以前跟某某有过一腿”，这个男人立时会犹豫不决，甚至还有可能因此而告吹。

女性“非处女”这一点，在婚姻中即使在当代仍然是一个很大的负面因素。而相比之下，似乎没有听说过女性对于男人有什么童贞要求。事实上，女性在结婚时几乎没有人因为对方不是童贞而作罢的。男女间这种贞操观念上的差别究竟是从何而来的呢？

让我们先从男人为什么会有强烈的处女情结说起。

男人苛求对方是处女，在这种心结深处，除了希望对方不曾受人染指的那份憧憬之外，还潜藏着希望喜爱的女人只打上自己一个人的烙印的独占欲望。具体来说，在他心里暗暗抱着这样一种期待：同处女之身的对方交往，或许便能够将她按照自己的期许来开发、塑造。

但是换一个角度来看，将女性按照自己的期许改造或者认为可以随心所欲地加以改造，这无疑带有一种将女人视为玩物的不正常心态。说视为玩物或许过分，但至少是一种希望自己处于支配地位的大男子主义思想。

这种将处女性过分夸大、过分尊崇的现象，以及认为男人可以随心所欲地改造女人的想法，是中世纪随着武士社会的确立才出现的，镰仓时代[1]以后尤其盛行，可以说它就是男子中心社会的产物。

关于这一点，参加过女性解放运动的诗人与谢野晶子曾指出："对处女性的尊崇，很明显是男人们强加于女性头上的。"她还总结道，"所谓的贞操及处女情结只不过是男人单方面的愿望而已。"

对此，显然没有丝毫反驳的余地。然而，当我们探究男人的内心世界时就会发现，他们之所以向往处女，是因为心中潜藏着一种不安，担心对方若不是处女也就是同其他男人有过性关系，很有可能将同前面男人的性爱体验形成惯性癖好，深深地印刻在身上。任

1　镰仓时代：由源赖朝于镰仓地方建立的幕府政权，1180 年始至 1333 年止，是日本最早建立在封建制度上的武家政治。

何一个男人都无法忍受在性爱方面被对方同以前的男人做比较，因为这有可能导致男人对性爱失去自信。因此，在男人追求纯洁，对无瑕无垢的憧憬背后，实际上隐含着男人对于性爱的不安和幼稚，故而不能简单地将处女情结等同于对纯情的向往。

现今认为结婚之前必须坚守处女之身的女性已大为减少，结婚前数度恋爱，同多个男人发生过关系的女性也并不少见。另外，虽然许多男人仍然希望交往的女性最好是处女，但他们已然认识到在实际生活中这已经越来越困难。

尽管如此，男人还是对女性的处女性非常执着，总想确认对方是不是处女。然而这并非易事，除非是经验老到的男人，一般经验较少的男人想分辨清楚，几乎是不可能的，因为女性中一部分人会有意识地假扮处女，这里姑且不论这样做是对是错，因各人看法有异，对错取决于每个人自主判断。于是乎，虽然大部分男人的真实想法仍然希望对方是处女，但事实上万一无法遂心他们也只好接受现实，因为本已不抱太大的希望了。

但无论男人也好女人也罢，都不愿意自己的恋人或配偶脑海里仍然留有之前恋人的影子，尤其无法忍受对方保留着与昔日另一半性爱的真切记忆。对男人来说，不管对方多么美丽聪慧，单凭这一点多半也不会宽宥她。因为男人本来就是一种偏重于性爱的动物，所以若是在性爱方面输给别人，他会感到没有了立身之本。

理所当然，结婚与恋爱都有顺利和不顺的时候。不少人出于爱恋而结婚，结果婚后却发现双方并不十分合适，甚至还会互相产生厌嫌。不过从男人的角度来讲，如果在交往的时候知道对方仍是处女，那么这个事实会在他的头脑中占据重要一席，出于“她把自己的处女之身给了我”的感念，即使双方发生摩擦或并不十分相适，也会采取比较宽容的态度。

稍稍讲一点题外之话。

在筑波曾发生过一起医生杀害妻子的案件。关于作案动机，据推测很可能是因为妻子同过去交往过的男人一直保持不正当的性关系。妻子比医生年纪大，是一位风情万种、惹人怜爱的女性，同时也有着丰富的性经验。最初，她在性爱方面的狂放不羁对医生来说充满了魅力，但结婚之后，随着口角的增多，渐渐两人关系开始冷淡下来，这时妻子过往的男女关系在医生脑海里复苏了。妻子之所以会如此性感，是不是因为过去有过不知道多少男人才造就而成的？是不是她与他们之间的性爱记忆阴魂不散，以至于无法忠贞于作为丈夫的我？如果真是这样，她是不是将自己同以前那些男人做比较，从而把自己当成了傻瓜，瞧不起自己？或许正是这种疑神疑鬼的念头不断蓄积，转变成憎恨，终于在某一天爆发了出来。

倘若女性在不经意中表露出令男人丧失性爱自信的态度，这个男人往往会因此受到精神伤害，有的甚至会因郁怅而冲动，实施某种暴力行为。在上述案件的背后，就不能排除男人的这种复杂心理在推波助澜。

话说回来，男人之所以对女性的处女性如此执着，对她过去的影子如此畏怯，是因为男人的性爱行为具有很强的精神性，非常容易受其精神状态的左右。

让我们具体分析一下男人的整个性爱过程。

首先，没有女方的容许自然就无法与其进行交合。换句话说，当男人提出这样的要求，而女方若没有某种程度的允肯或没有做好接受的准备，那么一切都是无稽之谈。除非采用强奸手段，否则不管男人如何强求，两人之间都不可能顺利地发生性爱行为。

假设这一关已突破，对方允肯了，那么接下来另一个难题就是男人的阴茎能否勃起。一旦和自己喜爱的女性上了床，脱光了衣服，可临到交合之际，却仍然不能排除那玩意儿死不争气的可能性。例如男人脑子里暗想："她会不会有过很多这方面的经验？""她过去曾遇到过比我更加优秀的男人吧？""她会不会觉得我很笨拙？"这些杂念就会形成一种强迫观念，从而使得他萎靡不举，力不从心。

毫无疑问，对男人来说这是最屈辱和最恐怖的事情，对方终于进入佳境允肯了，自己却什么也做不了，不仅有损男人的体面，自己作为雄性的能力也将受到怀疑。更要命的是，一次失败足以令其丧失信心，从而形成恶性循环，最终演变成难以收拾的事态。

这种时候，假如对方是处女，那么即使失败也不会受到很大伤害，因为不用担心自己会被对方同以前的男人做比较，然后随便找一个借口，如"今晚有点累了"或"稍稍喝多了一点"，就可以搪塞过去。所以说，男人的处女情结背后还潜藏着这种以防不虞时的安心感。

男人喜欢举止温文尔雅、娇倩可人的女性，不仅仅是为其优雅的气质所吸引，并且还因为这样的女性在性爱方面也比较内敛，不会表现得过分积极主动，这样男人即使临场发挥失败，对方也不会表示不满，这可以令男人感觉安心。反之，倘若碰上经验丰富、久惯牢成的女性，不少男人恐怕未曾开始便已心生不安，失去信心，卸甲丢盔了。

男人时常会为这样的事情深感不安和受折磨：女性一旦同某个男人发生性关系后，就会在她的肉体上刻下这个男人的烙印，经久难忘。换句话说，男人非常恐惧女性会不会因为肉体的交合而成为这个男人的私有物，对这个男人以情相归，即便心里想忘却，但是肉体却难以忘怀？当然，这或许只是男人单方面的固执之念。

中世纪骑士出征之前给妻子戴上贞操带，也是源于此种不安，因为他们害怕自己不在的时候，妻子同别的男人发生关系，那样的话，自己便彻底输给了那个男人。

一般来说，男人大多是以能动的姿态投入到性爱行为中去的，并且自诩能开导女性接受性爱快乐，带给女性性爱快乐。性爱的快乐对于男人，不仅仅在于射精，从所爱的女性因为自己而享受到快感，开发女性的性爱欢愉、使之渐渐成为自己的膝下囚徒这一过程中，男人还可以感受到一种更大的快乐。总之，男人只有在引导女性一步步升入性高潮这座性爱神殿的过程中，才会感受到性爱的充实。从这个意义上讲，男人真的是个贪婪和会来事的动物。

倘若女性从其他男人那里获得比自己给予她的大得多的快感，这对男人来说，无疑是一种重创，因为它等于是从根本上否定了偏重于性爱的男人的存在价值。而男人时常深怀这种不安，所以对女性的过去变得极其神经质，希冀结婚的对象一定要是在结识自己之前从未被他人染指过的处女之身。

通过以上分析我们可以清楚地看到，男人的处女情结与其说是反映了男人们在性爱方面的敏感和脆弱，不如说它是那些不成熟的男人从一己愿望出发所产生的怪胎。

最近，女性中间以自己是处女之身为耻的人开始增多起来，处女的价值同以前相比跌落了不少。尽管如此，只要男人拥有着阴茎这样一个敏感脆弱的性爱象征物，则不管别人怎样批评说“对处女的过分尊崇是男性社会的产物”，男人的处女情结永远都不会衰亡，它将一直掩藏在男人的内心深处。

· 第五章 ·

肉 体 的 记 忆

若缺少了精神之爱，是不可能形成刻骨铭心、经久难忘的记忆的。

就爱情而言，肉体和精神究竟哪个占有更重要的地位?

一段爱情结束后，肉体上又能留下多少记忆呢？关于这个问题，恐怕每个人都曾经结合自身的经历思考过。事实上，关于爱情中的肉体与精神的问题极其深奥复杂，也正因为如此，迄今为止，文学作品以及电影等都不厌其烦地将它作为主题，创作出无数令人掬泪的作品。

不可否认，肉体与精神两者是无法割裂开来的，只要是身心真正成熟的人，爱上一个人之后，都会自然而然地希望与之进一步发展至肉体关系。精神之爱不断深化，肉体之爱也会随之深化，而肉体之爱的深化反过来又可以促进精神之爱的进一步深化。因此，精神与肉体可以说是爱情的双翼，两者互倚互生、相得益彰，则男女双方的感情就会更加充实美满。

但事实上，男女之间的关系很难如此理想化一帆风顺地发展下去，有时会停留在精神之爱上，有时却又会让肉体之爱抢先一步，精神之爱亦步亦趋地跟随于后。有的女性认为肉体先行的爱是不纯的，不相信始于性爱也会产生真正的爱情。然而男人们却似乎不是这样的，即便是单凭外貌以及性感的言谈举止而开始接近的女性，随着肉体关系的不断发展，男人们也会与之逐渐萌发出精神之爱。

关于肉体和精神的问题很难一言以蔽之，这也是性爱的不可思议之处。由于它的复杂、深奥以及凄美，才使它成为文学作品和影视作品的永恒主题。

本章将围绕爱情意义上肉体与精神的关系，尝试对这个问题做比较深入的挖掘和探讨。

男女之爱绝非永恒不变的，常常会因一方的感情出现降温、移情别恋或是其他琐碎的矛盾而导致双方关系出现裂痕。发生这样的问题后，有时候双方会不顾爱情来之不易，毅然决然地舍弃这段感情，而有时候双方虽然想分手，但肉体上的眷恋和羁绊依旧非常强烈，从而想说分手也不容易。像这样肉体上的眷恋和羁绊非常强烈的夫妇，有时候能够相对轻松地跨越障碍，重归于好。相信不少人都有过男女双方吵嘴干架，但最终通过身体的交合而重新和好甚至关系更胜从前的切身经历。看到这里，或许有的女性会反驳道：“以为用这种方法就能解决一切问题，真是太天真了，女人可不是那么好糊弄的！”话虽不错，但是通过这种方法，女性难道就没有萌生出一点点原谅对方的念头吗？认为它是糊弄人的把戏也好，认为它是身体的难解之谜也罢，悉听各人尊便，但有一点是不可否认的，那就是性爱确实是男女关系中的润滑剂。

不管怎样，肉体上的眷恋和羁绊同理性和逻辑完全是不同层面上的东西，因而它具有不可思议的地方，是不能用逻辑来解释的。当然最理想的男女关系莫过于双方精神相通，加上肉体关系紧密。但不是所有的男女都能达到这种境界的，有的男女精神之爱深厚无比，但肉体关系异常脆弱，最终两个人的关系破绽百出；也有的男女肉体的牵缠凌驾于理性之上，因难以割舍而使自己备受折磨，难以自拔。

几年前饱受争议的电影《钢琴课》[1]，便是一部描写男女之间肉体上的牵缠（性爱）超越理性的影片，相信有很多人看过这部电影。女主人公艾达是个哑女，而且已有孩子，她的丈夫或许是出于同情，明明知道这一切仍坚持和她结婚。

然而她却背叛了精明且有钱的丈夫，同富有男性魅力的贝恩斯发生了肉体关系。事实上她并不是个热情奔放的女人，相反倒给人以矜持拘俭的感觉，或者说内心某处被厚厚的保护层禁锢了似的。然而就是这样一个女人，却将自己委身于一个外表粗野、头脑简单但内心温柔的男人，两人通过身体的交流，感受到了肉体上的强烈牵缠，难舍难分，终于相互间产生了真诚的爱情，最后女主人公离开了自己的丈夫。换句话说，充满理性的丈夫没有叩开她的心扉，而那个不乏野性，甚至给人危险感的男人却通过性爱闯入了她的内

1　《钢琴课》（*The Piano*），又译《钢琴别恋》，法国 / 新西兰 / 澳大利亚合拍电影，1993 年出品，简・坎皮恩导演，霍莉・亨特、山姆・奈尔、哈维・凯特尔主演。

心深处。这部电影出自女性导演之手，深刻且成功地剖析了女性自身的性爱感触和感情奥秘，因而受到全世界的广泛瞩目。

由此看来，肉体上的眷恋、牵缠具有人们无法想象的神秘力量，有时能让人不惜抛弃安定的生活。一般来说，女性会比男性更加深刻持久地保存这种肉体上的记忆。正如之前已论及多次，这是由男女对性快感的感受方式不同决定的。

男人从性交中获得的快感，不外乎就是射精的快感，而自从第一次自慰射精起，这种快感终生都不再有明显的变化。相比之下，女性则从伴随着疼痛失去处女贞操的那一刻起，对于性的感受日益成熟和丰富，快感如夏花之灿烂越开越盛。正因为这样，对于引领自己步入性爱殿堂、不断开发自己性快感的男人，女性往往会产生一种强烈的依附感，假如换一个男人或换一种性爱方式，就很难享受到性爱的巅峰快感。

女性倘若除了与丈夫之间的单调性生活，对其他毫无知晓，渐渐便会变得无欲无求，对性事不存什么期待了，以为性爱不过就是这么回事。这样的女性一旦因某种偶然机缘同其他男人有了肉体关系，第一次体验到强烈的性快感，于是很容易陷入痴迷对方的困境，即使明知对方毫无生活能力、毫无进取心，但仍旧难以斩断情丝，甚至不惜为了对方将自己万贯家财搭进去。而之所以会这样，就是因为肉体上的羁绊实在太坚牢了，其他男人已经无法取代对方带给自己的快感，以致拖泥带水，藕断丝连，进一步退两步，就是无法痛下决心与之分手。

同女性的这种痴迷相比，男人执着于和某个特定女性保持性爱关系的概率却要小得多。其理由不仅因为男人的射精快感不会因对方不同而有所差异，还因为男人不会像女性那样，其性感受会随着双方关系的加深而越加强烈，这是质的差别。用通俗易懂的话说，与女性相比，男人在性爱中所得到的快感是一种浅层次的快感，而且不可能随着精神之爱的逐渐深化而加深或变得更强烈，故此对男人来说，同某个特定的女性的性爱在他们身上很难刻下深刻的烙印。这对性感受变化多端、内涵丰富的女性来讲，或许是难以理解的。

正因为男人的性快感层次较低，所以在性爱过程中握有主动权，倘若男人失去冷静，失去理性，完全进入到忘我的境界，就无法主导和引领对方。从这个意义上来说，男女从各自不同的生理原点出发，发挥各自的特性和功能，相互间进行有效的配合，双方就可以保持一种和谐的两性关系。

在前文中，我们说过男人的肉体记忆相对比较淡漠，但并非毫无记忆。男人肉体记忆的内容和形式都同女性的有所不同，可以这样断言，对男人来说，所谓的肉体记忆主要是关于两个人之间的性爱方式以及对方的感受和肌肤的感触等。

虽说在同女性交合之前，男人已经通过自慰的方式领略了性快感，但及至真正同女性交合的时候，他依旧不知道如何进行，所以还是非常不安的。例如初次交合时，女性的阴道口在什么地方，怎样才能顺利地插入，等等，在这些实用技巧方面他们仍是一张白纸，许多保持童贞的男人因此而感到非常紧张和不安，慌手慌脚的，不知道到底该怎么做。这种时候，倘若面对一个比自己年龄大、有过性爱经验的女性，对自己进行适当的诱导，并且在以后的交合中传授各种体位以及狎昵方式，对男人来说这就会成为其最深刻的肉体记忆，将对方视为无法忘却的存在。此外，对方采用何种方式交合、交合如何激烈以及对方在交合过程中有什么样的反应，等等，这些都能给男人留下鲜明的记忆。

概而言之，对男人来说，较之强烈的性感受对肉体留下的深刻印象，男女交合的多样性以及交合过程中女性所表现出来的愉悦反应、性感受方式等丰富的性爱样式，这方面的记忆更加深刻，也是其肉体记忆的主要内容。因此，许多男人在性爱过程中特别注重体位，脑子里时常会想：今天采用四十八招中的哪一招？下次挑战哪种招式？还有人使用性用品，目的也是增加性爱情趣。

男人学会和掌握各种性技巧的过程，与动物学习捕猎有着惊人的相似。幼狮与成年狮子一样有食欲，但还很不清楚应该如何自己捕获猎物，在成年狮子的带领下，通过亲身参与捕猎后，幼狮得以逐步掌握捕猎的诀窍："猎物这样逃命的话，就应该这样追逐""咬住了猎物的这个部位，对手就难以逃脱了"。男人学习性技巧也是一样，必须通过实际的交合经验才会掌握这样做对方才肯欣然接纳自己，这样做她才不感觉疼痛，并且感受得到欢悦。

男人之所以热衷于掌握性技巧更胜于对自身快感的注重，是因为只有轻车熟路掌握这一套本领，才能在性爱过程中占据主导地位，同时可以夸示其作为男人的存在感。由于男人偏重于这方面，因此男人的肉体记忆更容易倾向于方法论，即同谁进行过什么样的交合。

当然，也有的男人会沉湎于和某个特定女性的性爱，印象深刻，难以忘怀，这时候无非是多重的积极因素叠加在一起的结果：交合时的氛围宜人，对方不仅反应异常丰富，而且交合技巧出色，等等。然而即使这种场合，男人的肉体记忆仍旧以女性的反应方式和身体本身为主，而非男人自己从中获得的性快感，这与女性纯粹的肉体记忆还是有所不同的。

但不管怎样，男人一旦沉溺于性爱，精神上也势必会加深对对方的爱恋，产生难舍难分的一体感，这同女性是相似的。女性在一开始的时候可能也仅仅停留在较浅的好感层次，但由于在性爱方面特别相适，巫娥云雨，肉体渐渐相亲相熟，便会越来越爱恋对方。由此我们只能说，肉体与精神的关系就像鸡和鸡蛋孰先孰后一样，两者是相依相生，相互促进的关系。

让我们再回到电影的话题上。

相信令大多数人难以忘记的电影《午夜守门人》[1]，直面了一段刻骨铭心的性爱，它经历时间的冲刷和淡化却依然鲜活如新，深

1 《午夜守门人》（*The Night Porter*）：意大利电影，1973 年出品，莉莉安娜·卡薇尼导演，德克·鲍加德、夏洛特·兰普林主演。

深地烙刻在男人和女人的肉体中。

女主人公犹太姑娘露西娅，在第二次世界大战期间被纳粹抓获，被关入集中营，等待她的将是死亡。党卫队军官马克斯为露西娅的美貌所打动，将她据为自己的性奴，作为交换条件马克斯答应救露西娅一命。随着两人性爱关系的发展，露西娅渐渐察觉到他们之间的上下关系发生了微妙的变化，马克斯真心爱上了自己，对她言听计从。自然地，马克斯起初虽然只是在单纯的性欲驱使下侵犯了露西娅，但是后来却不由自主地陷入了对她的深深爱恋。

一开始，作为纳粹军官的马克斯和露西娅之间隔着不可逾越的鸿沟，马克斯单方面地对露西娅进行掠夺和奴役，而露西娅只能听凭摆布，逆来顺受。随着马克斯渐渐沉溺于同露西娅的性爱游戏中，露西娅开始变得傲慢起来，在性爱过程中转而掌握了主动权和支配权，两人之间逐渐演变成施虐狂与受虐狂的倒错关系，马克斯像个仆人似的拜伏在露西娅面前。露西娅感受到了马克斯那超越单纯性欲的爱情，从而意识到自己已经成为马克斯无可替代的存在。

倘若两人之间没有肉体之爱，而只有纯粹的精神之爱，恐怕他们的关系绝不会发生如此变化。但是，就像这部电影所描述的那样，肉体之爱甚至能够将男女间原本绝对不可能逾越的关系来一个彻底颠覆。露西娅在两人的性爱中逐渐占据了主导地位，但同时她的肉体也开始适应了马克斯不同寻常的爱，并且只有在这样一种扭曲的关系中，她才能获得性的满足。在这场不知何时死神就会降临的终极性爱中，两人激情燃烧，相互贪婪地从对方身上索求着。

然而直到此时，两人都还没有感觉到他们之间已萌生了爱情。事实上，露西娅对马克斯非但没有爱，反而充满了憎恨，因为对方是一个将犹太人视为猫狗一般蔑视、任意宰杀的纳粹军官，倚仗手中的权力将自己当作性奴随意玩弄的男人。而露西娅相信这也是经过一番权衡的：只有委曲求全迎合马克斯病态般的性要求，才能够使自己活下去。因此两个人之间的性爱，不过是在一种特殊境遇中发生的一种异常行为，露西娅绝不会想到自己会爱上这种男人。

然而不可思议的是，这种在憎恨之中产生的快乐却偏偏在露西娅的肉体上留下了深刻的记忆。

战争结束后，重获自由的露西娅同一位指挥家结婚，过上了安定优裕的生活。然而，由于丈夫前往维也纳国立剧院巡回演出，夫妻两人从美国一同前往维也纳，就在下榻的酒店，露西娅同隐瞒身份和经历在酒店担任夜班门房的马克斯再次相遇了。这次偶然的重逢，令露西娅和马克斯都万分恐惧，集中营时期的梦魇又重新浮现在露西娅脑海，而马克斯则害怕露西娅告发自己。露西娅对丈夫说想离开这家酒店，但毫不知情的丈夫只是安慰她："没有什么好害怕的"，露西娅的丈夫仍然坚持入住这家酒店。一次，露西娅的丈夫外出，因害怕告发而惶惶不可终日的马克斯忍不住闯进露西娅的房间。"你为什么要到这里来？！"他一面狂吼着，一面殴打起露西娅，露西娅拼命地躲闪，但很快就被马克斯擒拿在手，于是两人扭打在一起，就在此时，十几年前的肉体记忆突然复苏了，两人又像动物一般贪婪地索求起对方。

与马克斯的这次偶然重逢，彻底改变了露西娅的命运，露西娅同丈夫分了手，但她仍一个人继续留在维也纳。马克斯为了不让露西娅逃走，每天用锁将她锁住，然后才去上班，过着颠倒混乱的日子。但马克斯过去的同伙们得知露西娅的出现后，同样害怕她告发自己的罪恶过去，逼迫马克斯赶紧将露西娅打发走，走投无路的马克斯和露西娅躲在屋子里不敢露面，危机中沉溺于疯狂的爱欲，最后两人都被纳粹余孽杀害。

通过以上简单的概述可以看出，这部电影在肯定人们性爱过程中肉体记忆的同时，深刻地描写了超越理性与逻辑，离奇变态、莫名其妙的男女间的性爱。这部与《钢琴课》一样出自于女性导演之手的电影公映后，立即在世界各国引起轰动，在女性中广受支持。

让我们再来对露西娅与其丈夫之间的关系做一番审视。露西娅的丈夫一看就知道是位富有教养、举止优雅的绅士，拥有较好的经济实力，加之他深爱露西娅，作为丈夫可以说无可挑剔。但我们依然想象得出，露西娅从丈夫那里得到的性快感同昔日从马克斯身上得到的无法匹敌，换句话说，露西娅的丈夫虽然外表看来无可挑剔，但在性方面却是个平庸无能的男人。正因为如此，露西娅一旦与马克斯重逢，肉体的记忆重又复苏，以至她义无反顾地离开丈夫，选择了条件贫薄的马克斯，最终为此付出了自己的性命。

就这部电影而言，露西娅从前的肉体记忆得以复苏，可以说是她现在身边的男人在性爱方面远远不及她以前的男人所致。倘若露西娅过去不曾经历过那么酣畅淋漓、荡气回肠的肉体之爱，或许她将守着丈夫和家庭度过余生，即便漠然地感到些许不满足，她也只会归之于婚姻就是这么回事，而绝不会想到要舍弃给予自己无私的爱和安稳生活的丈夫。或者，倘若丈夫能够给她更加强烈的肉体之爱，彻底消除她过去的记忆，那么露西娅也不会重新走回过去那段疯狂的畸形的爱。

话说回来，露西娅同马克斯的性爱如此激烈疯狂，在她身上留下了难以磨灭的烙印，与当时那种不知何时死之将至、非日常性的特殊环境有着密切关系。试想，在生活安定的和平年代，人身自由、经济能力都毫无束缚，且可以通过婚姻这一合法途径享有男女交合的权利，温吞水一般的男女关系中能够产生出如此富有刺激性的性爱吗？恐怕是十分困难的。

一如《午夜守门人》所描述的，男女间确实存在着强烈的肉体记忆，所以，男人们才会十分在意女性的过去，并时常为之惴惴不安。不过从露西娅身上我们也可以看到，要想留有这种能够称之为烙印的强烈的肉体记忆也并非易事。然而，男人却往往过高地估计了女性的肉体记忆，这又似乎有些误入歧途、杞人忧天了。

一般来说，男人总是会对女性的过去产生强烈的嫉妒。面对一个在性爱方面已成熟、通晓人道的女性，是谁在她身上纵情开拓、引领她步入性爱殿堂的？是谁让她领略了性的欢娱？男人往往会对另一个看不见的男人暗自嫉忿，并由此感到自卑和畏怯，自尊心受挫。

然而大多数女性更看重现在的状态，只要现在过得和谐愉快，就会将过去的事情当作久远的往事彻底遗忘。

可是不少男人仍旧专注于女性的过去，总认为女人难以忘却以往的肉体记忆，并牵丝攀藤地对之眷恋不舍。其实，与其这么一厢情愿地胡思乱想，不如以自己的独特方式好好爱对方，颠覆她以前的肉体记忆。但不少男人丝毫不做努力，却一味地纠缠和恐惧于女性的过去，尤其是个别缺乏自信的男人，他们企盼结婚对象是处女，选择那些没有两性经验的年轻女性，这只能暴露出其毫无男人的自信。

总体来说，知识型的、诚实的男人，在性爱方面相对缺乏抓得住人的魅力。这些人没有办法让女性彻底忘记过去，但嫉妒心却非常强烈，而且这类男人的自尊心不允许他们将自己的嫉妒心理直接表露出来，于是往往通过一些比较扭曲变态的形式来发泄心中的嫉妒和不满。

男人如此执着于女性的过去，还有一个原因，就是很多男人自己时常会想起以前的恋人，希望再次相逢，可能的话还想重温鸳梦。用男人一己的念头为依据来揣测女性，于是便会疑神疑鬼，生怕女性哪一天会重新投入过去男人的怀抱，从而心生嫉妒，自寻烦恼。

同男人相比，女性是不折不扣的现实主义者，倘若她们对身边的男人感觉满足、感到充实，就绝不会时时回忆起过去。这一点，以男人的感觉是很难理解的，故此男人容易纠缠于女性的过去并因此而心生嫉妒。

另外一点也可以作为男人们之所以会这样想这样做的一个反面佐证——男人往往一厢情愿地认为，只要与女性有过一段美满的性爱，那么不管分手多少年，有朝一日重逢后对方一定会一如既往地接纳自己。不知道这是男人过分夸大了肉体的记忆，还是对自己给对方留下的肉体烙印过于自信了。坦率地讲，这只能说是男人的盲目自恋，明明并没有给对方留下深刻的烙印，却自以为是地坚信对方的身体会一直有所记忆。

笔者曾从一位 15 年前离婚的女士那里听说过这样一件事。她的前夫至今仍然每年给她打一两次电话，要求和她见面，然而她却根本不想见，便直截了当地回绝说“我不想见”。前夫不甘心：“别装腔作势了，我们两个可是激情燃烧的一对哪！”似乎在暗示两人过去的性爱如何如何美妙。每当此时，这位女士便感到强烈的厌恶感和屈辱感。

当然也有个别女性的确会死灰复燃，旧情重炽，但总体来说，相对于男人，女性只要眼下生活得幸福，一般是不会为过去的关系所牵缠的。反过来说，那些不满于现状、感觉不到充实的人，或许会因某种契机而重新点燃过去。

不管怎样，当一个已经分手的男人或是在校友会上历久重逢的男性同窗提出“好久没见了，我们找个时间碰碰面吧”的时候，尽管男人不会明说，但往往怀着再续鸳梦的蓄谋。女性们可能抱着抚今追昔、感慨万千的心情前去赴约，却会发现多数男人心底暗藏着性爱的企图。故此，一旦男人发觉对方毫无此意，态度会急转直下，不仅变得冷淡，甚至以为对方故意要弄自己，让自己空欢喜一场，从而由爱变恨。虽然不是所有的男人都如此，但作为女性最好还是矜持小心，不要招致不必要的误会。

能够留下深刻烙印成为肉体记忆的爱究竟是什么样的？是不是只有狂烈的性爱或娴熟地掌握了性技巧就能如愿达成呢？事实上，这其中若缺少了精神之爱，是不可能形成刻骨铭心、经久难忘的记忆的。

例如，《钢琴课》中的丈夫是不是向妻子完全敞开了心扉，无私地爱他的妻子？他有没有努力去理解妻子的感受，尝试着主动去打开她的心扉？似乎丈夫只关注自己的处境和面子，只要求妻子爱自己、忠实于自己，而自己却从未想过对妻子付出永恒的爱。而《午夜守门人》中的丈夫虽然性情柔和、举止优雅，却似乎也没有为了爱情而舍弃一切的勇气，对他来说，自尊心、地位以及所谓的生活品位才是最重要的，爱情勉强可以与之平起平坐，因为美貌的妻子可以用来满足他的虚荣心。这类男人的本质便是在他们的爱情中精神之爱显得贫薄浅劣，即使在性爱过程中也难以掩饰，对此女性能够出于本能而敏感地感受到这种欺瞒性，因而会时常产生不安。

《午夜守门人》中的马克斯最初和犹太女性维持着一种见不得光的关系，后来渐渐爱上了她，这无疑等同于自我毁灭，但马克斯还是大胆选择了这条路。在两人浓烈的性爱关系背后，露西娅本能地感受到了马克斯那无所畏惧的、疯狂的精神之爱。唯其如此，当肉体的记忆复苏时，两人的关系才没有止于一缘一会，而是涅槃重生、再续前缘。在那一瞬间，丈夫的爱和马克斯的爱被毫不留情地放在一起进行比较，从而让露西娅选择了更加真挚和诚实的马克斯。

由此看来，铭肌镂骨的肉体记忆除了强烈的性快感之外，还有被人深爱的精神上的充实感，当两者完全吻合的时候，才能真正留下如此炽烈的记忆。

然而很多男人错误地认为只要两人的交合水乳相融，就会给对方留下深刻烙印，且这种所谓的水乳相融不过是性器的大小、临门的功夫等表面的东西，从而陷入唯技能论或唯技术论的迷潭，却忽视了两性之爱的本质。

只有给两性关系赋予更深刻的精神性，女性才会感受到愉悦和充实，达到精神与肉体统一、灵肉一致的境界。事实上，在男女爱情中精神和肉体都占有重要的地位，两者缺一不可。但是，肉体的记忆、肉体眷恋的不可思议之处在于，它可以超越理性，超越逻辑，有时甚至能将一段成熟的爱情彻底摧毁。正是这种不可思议的神秘魅力，将男女之间的爱情演绎得更加复杂，更加丰富多彩。

因此，完全没有必要过分夸大性爱中的肉体作用，但是低估了性爱中的肉体作用也是错误的。轻侮肉体的作用，认为能通过理性轻松地控制自己的身体，有可能导致错失宝贵的感情，还有可能使自己陷入泥沼一般的感情深渊中，束手无策，抽身无门。也就是说，肉体完全有可能轻而易举地背叛先前的自己。

总而言之，性爱具有一种不可思议的力量，它时常会颠覆一个人，改变一个人，通过性爱，人们能够发现迄今懵懂未知的自我，开拓一个崭新的自我。这，也正是性爱的丰富多彩和令人叹异之处。

·第六章·

男人为何流连花巷

对男人来说，性同爱是完全不相干的两码事。

对女性来说，男人花钱去寻欢作乐即一般所称的“买春”，实在是令她们难以理解又不可饶恕的行为。

然而，“卖春是世界上历史最悠久的行当”，但，是好现象还是坏现象且不做评价，历经各个时代，这种营生仍没有灭绝影踪，一定是有其存在的理由的。

本章我们将围绕男人为什么花钱去寻欢作乐，深入男人的内心世界做一番探究。

很多女性对男人流连于花街柳巷感到非常厌恶，同时困惑不解。首先，男人与素不相识的女人发生性关系难道就没有一点排斥感？其次，为什么要不惜花费金钱去做这种事情？最后，做了这种事情之后会不会感到羞耻？综述起来，就是男人们为什么会去花街柳巷寻欢作乐？这个问题让女人们感到难以理解，而对此男人们的回答恐怕只有一个，那就是“因为是男人嘛”，除此之外似乎也说不出其他理由。

同样身为男人，当然也有一辈子从未去过那种地方的人，并且厌恶此类事情的男人也不在少数。然而这类男人，很多人也只是因为无人邀约，没有机会前去，或者独自一个人没有勇气前去，又或者本身较有魅力而无须去那种地方，等等，而不一定是对此类地方和此类女人毫无兴趣。换句话说，没去过的人不见得更有理智控制，去过的人也不见得就是低俗下流，绝不能如此妄下结论。可以说只要是男人，对这种场所或多或少都抱有一定的兴趣。

男女之间的这种差异，与其说是巨大，莫如说是令人绝望、无法消弭的。这种差异因何而来呢？首先被注意到的，显然便是男女之间生理上的差异。

在性爱关系中，男人是主动施与型的，而女性则是被动接受型的。这两者间的差异可谓云泥之别，试想一下，将对方迎纳入自己的身体和在对方的身体内冲锋陷阵，不仅仅在生理上，而且在心理上也显然是完全不同的两种感觉。

如果考察一下与性爱同属“人之大欲”之一的饮食欲就会发现，人们在将食物摄入体内时，即便是个极其粗犷的男人也会非常小心，在选择时谨慎又谨慎，不仅提防它是否有毒，还要考虑它是否对人体有益。虽然性爱不能与食物等而视之，但面对一个形迹可疑的东西，任何人都不愿意让它进入自己的身体，出于本能，人自然而然会产生一种戒备心理并表示拒绝。在这一点上，两者具有相通之处。

不同于这种将异物纳入自己身体内的行为，男人在性爱过程中，无非是进入对方体内，释放出精子。理所当然地，这种行为同上述行为相比就无须那样谨小慎微了，不论对方是谁，心理上的抗拒感都不至于十分强烈。

与此同时，雄性动物总体来说都是激情汹涌，对异性怀有强烈的好奇心，尤其是十几至三十多岁的男人，性欲旺盛，异性于前，总想一泄为快，至于对方究竟是什么样的女性倒在其次，首要的就是插入其中同其交合。男人这种对于性的好奇心和挑战欲之强烈，非一般想象所能及，它几乎是难以抑制的，对此女性是很难体会并加以理解的。

通俗来讲，男人在性爱领域就像一个探险家。探险家为好奇心及挑战欲所驱使，越是充满困难和危险的未知世界越是勇往直前，男人对待异性的态度与之仿佛，越是未知的女性，就越能激起对其强烈的好奇心，即使要冒风险也不惜挑战一番。相反，对于早已熟知的场所，男人就会认为没有必要再去进一步探险了。由此也可以得出这样的结论：男人与同一女性多次交合之后，就会逐渐产生倦怠心理，激不起性兴奋，而对于未知的女性则不仅不会倦怠，反而能持续保持强烈的好奇心。

这些雄性探险家，对于尚未彻底明了的世界总想加以解明，对于被包裹在一层神秘外壳中的事物具有无限的探知欲。因为他们看到不曾见过的东西便想饱览几眼，不了解的东西便想钻进去加以了解，不曾触摸过的东西便想拿到手里把玩，故此看到身着衣裳的女性，他便会涌起一种强烈的欲望，希望脱掉她的衣裳，尽情地欣赏她的裸姿，抚摩她的玉体，但如果女性一开始就寸缕不挂的话，反而激不起他们强烈的欲情来。这就好比去一个近在身边、容易到达的地方，便感觉不到探险的愉悦一样。

所以说，无论身边的妻子多么貌美如仙子、温婉似秋水，男人依旧情不自禁地想接触其他女性并与之交合。这种性的冲动和欲望同对方的外貌美丑并没有什么必然联系，事实上，有些女性客观上讲较之自己的妻子毫无颜色，但就因为她们是未知的存在，男人仍然会对她们生发出性冲动，即便没有真的交合，但男人在内心仍可以发挥天马行空般的性想象，在想象的世界里与之共赴巫山洛浦，现实生活中不乏这样的事例。

男人们这种对于性的好奇心在脱衣舞厅之类的地方更是暴露无遗。当脱衣舞女在舞台上叉开大腿时，看客一齐发出“噢——！噢——！”的起哄，纷纷从座位上探出身子争窥舞女的那一点秘处，表面看上去一本正经的公司白领此时也争先恐后，唯恐错过。那种场面实在滑稽可笑，但从某种意义上讲，也可算是男人不加掩饰的真实一面吧。

如果用女性的例子来做比较，那场面或许同女人们纷纷涌向名牌商品减价拍卖会有些类似。拍卖会现场的女人们根本顾不上仔细选择货物，而且完全顾不上矜持啦、优雅啦，什么都行，先抢到手里再说，唯恐被别人抢先一步。

单从表面上看，脱衣舞厅里男人们的举止与此相差无几。当然许多人对此或许不以为然，认为争购服装、皮包同争睹女性裸体完全是各有不同的内涵。不过站在男人的角度，女人们争先恐后地涌向拍卖会的行为同样令其百思而不解。

总而言之，对于男人我们不妨这样来理解：男人这种动物对于性具有女性难以想象的强烈好奇心，总想观赏、了解、触摸，只要有机会便插入进去，而这种强烈的好奇心同爱情毫无等同之处。

这样说，或许有人会对这种低俗、难以克制其动物本能的男人感到失望，实际上正是因为男人具有对性永不满足的好奇和追求，人类自身的种群存续繁衍才成为可能。因此若换一个角度来看，男人的这种欲望可以说正是造物主的绝妙安排。

所有的雄性动物，从其本能上讲都希望将自己的种子敷广播布以延续自己的遗传因子；与此相反，雌性动物则为了确保生育出具有优良遗传因子的后代而对其交配对象严加挑选。换句话说，雄性动物注定是广种博收的，雌性动物则注定是精挑细选的，两者通过互补和平衡，使得物种得以绵延不断。人类作为自然界中的一员，理所当然也具有这种本能，如果单单从道德的层面对此进行非难纠黜，等于否定了人类也是动物一分子这个基本事实。

倘若男人和女性一样，对性伴侣横挑竖拣，过分强调个人喜好的因素，只有万分中意的对象才肯两情相悦、进而交合，则人类恐怕早已灭绝了。双方互相算计和苛求，两性就不可能顺利交合，而只有一方勇往直前，憨急猛进，另一方谨慎选择，这样保持平衡的两性关系才能顺利繁衍后代。

造物主赋予了雄性动物强烈的性欲求，使其对异性不加苛求，一切为了交合的本能，唯其如此，雄性与雌性间的结合才更加频繁，也更加顺利。

这两者的关系在精子与卵子的结合过程中也得到了显著的体现。卵子受精的那一瞬，就像一出精彩的雄雌攻守大战，通过显微镜我们可以看到：卵子超然自得地静候一处，而数以亿计的精子活蹦乱跳、横冲直撞地朝它发起进攻，其中冲在最前头的一个精子得以冲破卵子的细胞膜，进入到卵子内，这个短暂而震撼的过程便是受精。这一刻无疑可以用“冲锋陷阵”来形容，所有的精子都具有一门心思涌向卵子、进入卵子的本能，而卵子则有着从无数的精子中选择其一的本能。这就是性的原点。

因此，男人的性欲求和交合欲望，可以说是被先天铸就于其雄性 DNA 中的一种本能，这样说一点也没有夸大其词。当然，由于人类受到种种社会限制和道德制约，其行为不可能像其他动物那样随心所欲，但是我们仍应清楚地认识到，男人的性好奇心以及挑战欲望都源于这一本能。

插一句题外话，关于日本人结婚率下降，近来舆论一致认为主要原因是女性参与社会的程度大幅提高，她们的价值观发生了变化，以及社会对于独身男女的偏见有所减弱等。或许还可以再加上一条，即男人与生俱来、积极主动向女性发起进攻的雄性动物本能越来越弱化了。

至此我们可以理解了，男女是有着完全相异的不同性欲求的两类生物，而卖春这个行当之所以能够历久不衰，也因为它是在一定程度上可以缓和这种男女两性欲求矛盾的手段。

即便如此，由于不惜以金钱为代价来获得平衡，所以女性是很不好理解的。加之金钱的介入，往往被批判为将女性视作一种商品。这些都是女性竭力非难此种现象的原因。然而站在男人的立场上说，正因为通过金钱来做交易，就可以减少不必要的麻烦，同时又可以顺遂和满足男人追求新鲜未知女性的雄性欲望。

这里要再次强调一下：对男人来说，性同爱是完全不相干的两码事。换句话说，男人即使没有爱情仍然可以有性的欲求，仍然渴望同陌生的女性进行肉体交合。

不过，如果打算与一般的陌生女性交往，就不得不先从双方认识开始，然后一次次地约会、邀请对方吃饭，经历许多繁复的过程。即使这样，对方是否应允进入进一步的实质关系仍是个未知数，因为男人想方设法博取对方欢心，做一些使她高兴的事，但女性不见得轻易就会答应。总之，这是桩劳神费心、事倍功半的过程。

倘若对方是以性交易为业的女性，就无须经过上述铺垫，当男人欲求高涨的时候可以即时进行交合。很多女性对于男人为什么掷出三四万日元而同花街柳巷的女子交臂叠股很不理解，其实同普通女性约会多次，结果能否一试云雨仍心中无数，与那种女性相比，事实上这些花费显然要划算得多。行文至此，女性们一定会怒从心生:“不要把女人同金钱进行比较！”但是对欲求高涨的男人们来说，处理欲求、解决眼前的困窘无疑是摆在面前的一个现实问题，如果不加以解决，一味地克制压抑，搞不好会造成心理变态，演变成马路色狼、地铁里的“痴汉”，或做出诱拐幼女等失去理智的褊狭举动来。当身边缺少知疼着热、体贴入微的对象时，花街柳巷里的女性无疑就是男人们得以消除寂寞、安抚躁动的女神了。与此同时，这种女性在性方面的奉献和服侍是没得说的，从满足性欲求的角度来说，男人是难抵如此惬意享受的诱惑的。

另外，这种关系因为有金钱介入其中，实际上形成了一种契约关系，它不会事后再给男人带来麻烦，这使男人特别安心。倘若对方是个良家女孩，双方一旦发生肉体关系，女孩就会步步紧逼：“我们已经是这样的关系了，你要对我的今后负责！”周围的人也会横加指责，给男人压力，到了这个地步，要想全身而退是件十分棘手的事情。男人仅仅为解决生理欲求而非出于爱情才同女性发生性关系，当然不愿意自寻麻烦，掉入难以抽身的泥塘里，因此，可以的话自然希望用金钱来解决问题。

许多妻子对丈夫无视自己的存在而光顾花街柳巷感到异常愤怒，有的人还由此感到受屈辱和深深的伤害。丈夫们却可能在心里暗自嘀咕：对方只不过是以此为业的女人，加上双方间用金钱就可以摆平、没有任何后顾之忧，有什么值得发怒的？更重要的是，面对与自己长期厮守的妻子，丈夫们可能已经难以激发起性兴奋和性欲求，而不断探寻和追求未知的女性又是男人的本性所决定的，因此从风俗女子身上得到满足是最好的方法，不像与普通女性搞婚外情会影响到夫妻关系和家庭安定。

夫妇之间的性爱不可能是完美无憾的，正像不少妻子在性爱方面对丈夫感到不满一样，许多丈夫对于同妻子的性爱也感到不满。丈夫们对于妻子在性爱中的表现会有各色各样的要求，例如，有的丈夫希望妻子更加奔放狂烈些，有的丈夫希望妻子不要像履行义务似的对待性爱，有的丈夫希望妻子做爱时多些情调，也有的丈夫希望妻子在性爱中稍微收敛些。当这些要求一次又一次地被拒绝，丈夫们就会很自然地想到花街柳巷的风俗女子，希望从她们身上获得更多满足。

像这类虽有妻子却得不到性爱满足的男人肯定不在少数，他们性欲高涨时，不少人就会极其自然地到花街柳巷去寻找慰藉。

当然，男人的这些理由在女性看来只不过是为自己开脱的种种借口罢了，但事实上也只能说是男人的生理特点使然。

或许有人感到愤愤不平，认为男人用金钱买欢侵犯了女性的人权，是对女性的歧视。但是出乎意料的是，那些从事此类营生的风俗女子大多心态平和，对于用金钱前来买取自己肉体的男人，她们非但没有抵触，反而有种居高临下的感觉，觉得男人既可怜又愚蠢，因而抱有一丝同情。大多数风俗女子的想法是：既然你想看就给你看吧，既然你想和我做就做吧，既然你为此而满足、心甘情愿地奉上金钱给我，就把我的身体借给你享用吧。当然不少人在内心深处也期盼着早日跳出这一行当，但至少在现实中，她们表现出来的却是这种态度。

风俗女子们对于自己作为女性可以同金钱等价交换，即具有商品价值这一点有着清醒的认识。从这个意义上讲，她们似乎有些冷漠寡情，但与此同时，也可以说她们真正参透了男女之间的性爱本质。

对于这些风俗女子的存在，既有人声张势厉地为之鼓与呼，抨击她们的“人权遭到男人侵犯”；反之也有人投以蔑视的目光，认为她们寡廉鲜耻。或许，这只是普通女性在她们面前所显示的一种傲慢而已。因为事实上不仅为数不少的男人从她们那里得到了疗愈、解决了烦恼，而且可以说，有很多普通女性也在不知不觉中享受着性这个商品带来的恩惠，而得以过上安逸的生活。

例如，对那些依靠女人养活的倒贴男人，社会上一般都称之为“吃软饭的”，竭尽蔑视，而反过来对于依靠男人养活的女性，则呼之为“妻子”，正儿八经地予以认可。仔细斟酌一下，就会发觉这种现象其实很荒唐。当然妻子们会强调说她们也从事家务这一社会劳动，并非完全依靠男人养活，问题是“吃软饭”的男人同样也得对其女主人察言观色、小心侍奉以讨对方欢心，尤其是在性方面，必须时刻让自己处于备战状态，随时接受女主人的垂爱。

概而言之，之所以“妻子”与“吃软饭的”表面上存在差别，在于不仅是社会大众，即便女性自身也理所当然地认为女性就应该得到男人经济上的庇护，实际上这正揭示了女性的性本质，即身为女性，天然具有一种可以同金钱等价交换的价值。大多数女性即使没有这种想法，但在其潜意识中绝对难以排除存有这样的观念。在这里我们并不想探讨其善恶好坏，只是想指出：花街柳巷的风俗女子们对于女性的这一本质有着相当清醒的认识。

男人们不仅自己主动去那些场所，作为工作上的应酬，也会时常接受对方提供的此类特殊服务，或者为对方提供同样的服务。

在形形色色的贪腐案件中我们可以看到，所谓的“公关手段”自古以来无外乎就是吃、玩、拿“三原则”。无须详细解释，“吃”当然就是指在高级餐饮场所请客宴饮，“拿”就是用金钱买通，至于“玩”就是指提供色情服务。

对于女性来说，用女色来拖人下水却美其名曰“公关”，实在是南箕北斗、名实难副，令人无法容忍。然而，尽管由于对艾滋病的恐惧，此类“公关”有所减少，但是出差海外时，接待方提供女性服务至今仍旧不绝于迹。

让我们来看一看此类“公关”的出发点：作为接待方当然希望令被接待者心情愉悦，从而有利于双方下一步的沟通交流，同时作为回报给予己方某种好处，这便是“公关”的基本原则。品山珍海味、尝美酒佳肴，任何人都会禁不住大快朵颐、喜不自胜。同样，男人如果享用对方提供的女色服务，相信没有人会不悦的，特别是高官权贵以及一流企业的精英人士，平时谨小慎微，不敢恣意妄为，因而当出差海外时最巴不得享用的便是女色招待。只要想象一下那些潇洒干练的职业女性，一旦出差到海外，如果被像迪卡普里奥或是布拉德·皮特一样年轻而帅气的男性恭勤服侍的样子，就不难理解此中的衷素了。

总而言之，出差在他乡异国，能够毫无顾忌地揽抱陌生未知的美女，尽情玩乐，是许多男人尤其是在国内过着刻板生活的男人热切向往的，有时甚至比在高级饭店享用美味佳肴更加立竿见影。这种时候，倘若对方负责接待的是一位女性，因而无法享受这种特别服务，男人便会心生不满。如果因为这种理由而影响到女性踏入社会、参与社会，那真的是一个令人遗憾的社会问题。

这类个别情况姑且不说了。由古而今，卖春这种行当一直存续下来是不争的事实，其根本原因就在于男人具有和女性截然不同的性欲特点。

不过虽然如此，如果对方的态度过于职业化，男人们也会渐渐感觉到一种空虚。风俗女子在同男人交合时会不住地对其加以夸赞，或者故意发出高声呻吟，做出异常热烈的反应，说穿了不过是其一种服务手段、一种技巧而已，当男人意识到这一点后，不由得会意兴阑珊。进入花巷之前兴致勃勃、欲情高涨，而完事后跨出店门，不少男人会觉得有种难以名状的虚无感。这种时候，男人们便会追求那份精神上的爱——哪怕只是短暂的、虚幻的也好，或者希望对方不要太过久惯牢成，而是未经世故、天真清纯且品位高雅的女孩。

打个比喻，这与人在饥饿时只求填饱肚子，而一旦腹中满满时便开始挑肥拣瘦、讲究色香味的情形有些类似。在都市小报的娱乐指南里，时常出现“少妇人妻”“女大学生”之类的广告，无非是强调这些女子并非久经场面的老手，而是天真烂漫的普通女性，让男人们产生憧憬，以为她们虽然进入这一行，但毕竟如普通女性一样具有清纯的一面，从而趋之若骛，一享为快。

虽然这种关系最终还是离不开金钱，但对男人来说，总算多了一份情调和类似恋爱的感觉。从中也可以看出，男人们的愿望其实非常可怜。

近年来备受关注的“援助交际”，也因为性交易的对方都不是以性为职业的女性而对男人们具有巨大的诱惑，加之其中多是高中女生，就更增添了一份妻子所不具备的年轻和清纯的魅力。

参与“援助交际”的男人最终目的当然都是与对方发生肉体关系，出于欣赏年轻陌生女子的玉体、与之交欢的期待，男人们不惜赠以皮包或首饰，或邀请她们享用各种美食，以求得逐渐拉近距离。

虽然男人们的内心都怀着鬼胎，但事实上并不是每个男人都能百分之百如愿以偿的，但渴望发生肉体交往的目的即使无法达成，也还是期待着与年轻女孩约会，体验那份兴奋雀跃的感受。换句话说，男人们通过和年轻女孩的交往、对话，感受她们身上所洋溢的天真和奔放，使自己青春再来，即从她们身上追求一种“回春妙药”的效用。

男人们一方面因自己为一个与女儿差不多年纪的妙龄女孩神颠魂倒，在她们身上大把花钱而感到羞耻，另一方面只要不为人知，他们总想尝试尝试。这与其说是男人的本能使然，莫如说是一个雄性动物的本能使然，而为之花费金钱也会有一种梦幻般的惬快。这是女性无法理解的。

说一个中年女性的故事。她年轻时交游甚广，很受男人的宠爱。其实，她刚和一位年轻男子开始了一段新的感情，每次去饭店吃饭都是她埋单付账，看见合适的衣服便毫不犹豫地买来送给对方，甚至有时候还主动给他零花钱。某天她突然心里"咯噔"一下，意识到自己似乎是在用金钱换取年轻男子的欢心。而一旦明白过来，她心里登时充满悲哀，只觉得所有一切都是虚幻的，于是便与那位年轻男子分手了。

然而利用自身的金钱和社会地位来吸引年轻女性却是常有的，上了一定年龄的男人们不会将其视为无聊和没有意义的事情。例如，与年轻女性一起进餐，男方埋单是天经地义的，而年轻女性一般也认为这是理所当然的。但倘若两者角色互换，女性做了同样事情的话，男性就会有一种凄惨可悲的感觉，恨不得立即找个洞钻进去。这种感觉及意识上的差距，或许正是男人和女人的差别。当然近来也不乏女性买名牌货送给男朋友的事情，但大多仍局限在少数大城市，况且她们自身也并没有从中获得什么满足感。

综上所述，"援助交际"对于男人来说具有其价值，只是因为对方是个带有括弧表明其"年轻"的女性，所以男人们甘愿为之花费金钱，而年轻女性似乎也视其为理所当然的。事实上，从事"援助交际"的高中女生们心里十分清楚这一点，她们满不在乎地表示："这样的好事也只有趁现在这个年纪才能碰到。""女人一过二十五岁就成豆腐渣了，到那时只有结婚了。"可以说她们本能地意识到，男人之所以舍得往她们身上砸钱，唯一原因是她们还是个高中女生。

从这一点上说，这些高中女生同专事此种营生的风俗女子没有多大区别，但至少外表上她们身穿高中校服，显得青春活泼，让她们看上去好像普通的正派女孩。这种微妙的差别，可能正是“援助交际”广受青睐，得以泛滥的原因吧。

前面说过靠女人养活的男人被称作“吃软饭的”，而依赖男人养活的女人则被呼为“妻子”。之所以会有这样的差异，归根结底在于男女在性方面有着本质区别。无论是迄今为止规定了男人承担妻子经济责任的所有婚姻制度，还是卖春或“援助交际”，其本质都是一样的，即男人是通过付账埋单而享有异性的，女性则是作为这样的男人的埋单对象而存在的。

这样说或许会招来不少女性义正词严的批判，在她们眼里，女性绝不是为满足男人的性欲求而存在的。

此言自然是不差，男女之间的关系并非是只靠性来维系的。然而在承认这一点的前提下，对男人来说，男人和女人间的性爱又的确是十分宝贵的东西，值得为此一掷千金而在所不惜。且不论善恶对错，女性的身体以及性爱是男人永远的憧憬，同时也是男人源自本能的一种迫切追求。

至此，我们探讨了男人流连于花巷的诸方面原因，但相信不是所有女性都能对此表示能够理解的。

女性最大的不满便是：即便男人的本性如此，难道他的理性就无法阻止他前去花街柳巷吗？难道他自己不应该用理性加以控制吗？！

毫无疑问，男人屈服于本能而去寻花问柳，确实是意志软弱、自甘堕落的表现。然而另一方面，如果男人们强行压抑自己的性欲求，或许表面上会成为一个举止合乎规范的好男人，但与此同时，他作为雄性动物所拥有的那部分特性也必将逐渐弱化。

妻子们可能会反驳说："没有那样的事！男人们完全可以不去那种地方，我作为一个妻子，完全可以满足他。"但事实上对妻子感到倦怠的丈夫们已经没有兴致再从妻子身上寻求满足。换句话说，丈夫不惜花大笔金钱去花街柳巷寻欢作乐，原因就在于那里有着妻子身上所没有的新鲜魅力，以及妻子无法满足的恣肆奔放的性爱魔力。

或许有的女性会说：这种事情直截了当地向我提出不就可以了吗？话虽如此，但实际生活中男人一般不会同妻子进行过分激烈奔放的性爱，也不会向妻子提出这样的要求。至于为什么如此，主要是男人们希望自己的妻子首先必须是孩子合格的母亲和自己的生活伴侣。这似乎同男人们企盼妻子貌美动人自相矛盾，不过认真探究一下男人们的内心深处便会发现，其实男人们心里有种担心和恐惧：如果妻子要求两人间的性爱更加恣肆奔放，由于过分亲密无间、毫无新鲜感，自己很可能无法满足她。

还有很多做母亲的，要求自己的单身儿子赶快找个良家女孩交往，而不要去那种地方寻欢作乐。事实上花钱去寻欢的男人往往是苦于找不到合适的交往对象，又压抑不住生理上的欲求，不得已才去那种地方的。

或许有人提出在找到合适的对象之前，应竭力控制自己。但是这样一来，郁结的生理欲求很可能发生扭曲，演变成诸如强奸妇女或奸淫幼女之类的变态心理。

至此，相信大多数人已经理解：男人的性欲求本是极其正常的东西，与其克制它、压抑它，不如设法保持它的自然面目，允许其正常存在。正是考虑到这种性欲求本是天经地义的，为了使其得以正常存在，并加以适当的控制，男人才会很自然地去花街柳巷寻找风俗女子。如果连这个还硬要进一步加以抑制的话，恐怕会导致性欲求衰减，使正常男人变成一个毫无雄性动物血性的怪胎男人。

对母亲言必依、计必从，学习成绩优秀，但却缺乏男人的强悍劲儿，像个小绵羊似的。——这样的男孩或许是所有做母亲的最疼爱的类型，不过其他女孩却根本不屑对之一顾。因为，他们不过是母亲的一只宠物。

那些婚礼搞得热闹而隆重，但进入洞房才发现自己垂头丧气不器用、什么事情也做不了，最后不得不离婚的男人，大多就是这类男人。其中的一部分原因，恐怕就在于母亲一味要求儿子清纯、不得同花街柳巷的女子有任何接触。

女性一般都倾心品行端正、有绅士风度的男人，可是如果得知这个男人不能过正常的夫妻生活之后，恐怕就不会对他再有一丝迷恋。这一倾向在尚未成熟的处女身上也同样存在，她们在潜意识中也都追求富有雄性魅力的男人。

使男人成为一只雄性动物的舞台便是花街柳巷。倘若男人不想压抑自己的性欲求、不愿扭曲自己的本性，希望自己健健康康成长，那么不妨去那种地方修炼一下自己。

这样想的话，对于那些流连花街柳巷的男人或许多少会抱以较宽容的态度了吧。

·第七章·

结婚的种种迷惘

男人们在开玩笑时喜欢这样调侃：“工作和性严禁入内（家庭）”，其实这一半是玩笑，一半也确实是真情。

结婚，意味着青春的终结。

男人们的内心深处或多或少都抱有这种想法。

单身时代的男人可以自由自在、无拘无束地纵情玩乐，而一旦结婚就不能够放纵自己了。从结婚的那一瞬间开始，多姿多彩的一页就被翻了过去，从今往后将被家庭的桎梏所束缚，不能容许再像以前那样放纵和不负责任了。

朋友中有谁要结婚了，男人们会不由自主地发出些许伤感和同情："唉，这家伙终于到恶人伏罪的这天了。"——从类似的表述中，也可以看出大多数男人确实存在这样的想法。

如果仅仅从以上这个例子或许会得出这样一个结论：男人们是群只顾享乐，让人感觉不靠谱的家伙。但反过来说，男人觉得结婚后再也不能纵情玩乐这种想法本身就是其重视家庭的一个明证，因而不能由此就认为男人不靠谱。

不过，"单身一枝花"这种观念在男人头脑中确实非常强烈，他们内心确实希望趁着没有家庭羁绊的时候尽情玩乐一番。在这一点上，想必女性也没有多大差别，至多是程度上的差异而已。

近年似乎一谈恋爱马上便考虑起结婚的男人有所增多，但是多数单身的未婚男人趁结婚前的大好时光激情玩乐的想法仍然没有改变。

远离婚姻和家庭的羁绊、享有彻底的自由时期，就男人而言，大概也就自跨出校门至三十来岁的这几年光阴罢了。在这段时期内，多数男人将恋爱与结婚视为并无必然联系的事情，换句话说，他们在与女性交往的时候不会将结婚作为一个前提来考虑。当然这个年龄段的男人经过恋爱最终步入婚姻殿堂的情况绝非少数，虽然这样方向明确、顺顺当当地直达目标确实是个极为理想的发展进程，但毕竟不是所有情侣都能够顺利地照此发展。

这个时期的男人既有快乐，也有苦闷，人生起起伏伏，处于动荡不安的时期。本章我们就来探讨一下男人在结婚前对于恋爱的真实想法。

对二十岁刚出头、尚未意识到结婚的男人来说，最迫切需要的伴侣是能够在一起愉快地消磨时光的女子。

这里所谓的“愉快”，既包括轻松的交谈和共同从事一些令人愉快的活动，还包括双方在兴趣、情致上的合拍以及和谐的性生活。既然男人尚无结婚的意愿，因此对他们最具吸引力的不是那种适合居家过日子的女性，而是性情开朗、能带来新鲜刺激感的女性。

对于这样的男人，让他们敬而远之的是时不时地引出结婚的话题、竭力想用家庭将对方拴住的女性。当男人还想保持单身尽情玩乐时，她们却已经在设想着构筑爱巢，期望早日步入婚姻殿堂。男人对这样的女性会感到困惑、心底发凉，当感觉到对方在认真考虑结婚的事情时，男人的第一个反应就是“糟糕”，随即跳出对方准备圈就的藩篱。

这种场合，女性往往会以“你对我们的今后有什么打算？”“某某已经结婚了”或者“家里人老是催着我去相亲呢”之类的话，委婉地向男方提出结婚要求。如果男人对此不置可否，有些女性立刻会气急败坏，诘问男人“你准备怎么对我负起责任来？”或“这么说，你只是在玩弄我？！”坦率地说，这样的女性最令男人感到可怕。

男女双方只要有了肉体关系，就必须结婚，男人们觉得这是个牵强无理的要求，如果这种逻辑说得通，就等于是说如果不打算结婚就不能恋爱。假若还是那种女性结婚前必须保持处女之身的观念盛行的时代，或许这种逻辑会有市场，但像今日这样已是男女平等、恋爱自由的年代，还恪守着“既然我把身体给了你，你就应该负起责任来”的观念，就显得过于陈腐了。

也有的女性出于“既然彼此相爱，希望结婚不是顺理成章的事吗？”这种想法，而急于向男人逼婚。此话乍听上去自然不错，但我们完全可以反问一句：爱情真的就是百伶百俐、万全万能的吗？假如无法承受对方整个人生就没有权利去爱一个人了吗？倘若真是这样的话，那么美妙的恋爱就变成一桩令人栗栗危惧的事情了。

女性还有一句常用的台词：“是你让我这样喜欢上了你，你却……”这句话也很值得推敲：“让”对方喜欢上自己，男人的确不能无事一身轻，但是将全部责任都推到男人身上则显然不公平，喜欢上一个人不是谁的责任，而是自身主观意志的结果，因此用这种理由来责怪男人是不恰当的。

《艳阳天》[1]这部在电影史上占有一席之地的电影虽然已是旧作，但时至今日仍常常公映，相信不少人都看过此片。片中凯瑟琳·赫本扮演的美国某公司女秘书简假期孤身一人来到意大利威尼斯旅行，偶遇一名经营古董店的中年男子，两人坠入情网，然而假期结束后，女主人公不得不返回美国，影片的最后，中年男子手捧白色栀子花，追着列车在站台上奔跑，镜头上叠映着简在车中含泪回望的特写，两个人的心中都百感交集，依依不舍地挥手离别。

笔者为了写有关这部电影的随笔而赴意大利寻访的时候，曾向一名贡多拉船夫提出过这样一个问题："假设你是电影中的男主人公，如果女主人公无法将你忘怀，而再次回到你身边并恳求和你生活在一起，你会怎么办？"

船夫耸耸肩答道："即使这样，可我并没有向她保证过和她结婚，所以我根本不可能对她负什么责任。两人度过了一个美妙的夏天，这样不是很好吗？如果没有遇上我，她只能独自在此度过一个无聊寂寞的假期，正因为邂逅了我，才给她带来一段美好愉快的回忆。如果她不能够明白这一点，那我会感到很遗憾。"

1　《艳阳天》：*Summertime*，又译《春心托杜鹃》《夏日时光》，美国／英国合拍电影，1955年出品，大卫·里恩导演，凯瑟琳·赫本、罗萨诺·布莱兹主演。

相信不少男人都会对这名船夫的回答由衷地发出喝彩。不过在喝彩的同时，作为日本男人，或许在内心一隅还怀有一丝内疚吧。

这种日本式的感觉，直至今日，在企业这样的社会性组织内仍到处残存。例如职场恋爱的场合，倘若男方对结婚一事犹豫不决迟迟不定时，朋友和同事们便会有意无意地追问："你打算和她怎么样啊？"言下之意，就是让男方承担起所谓的责任来。还有，有些女性也会聪明地利用这种男性责任论的观念，动不动便在上司面前有意透点口风："我现在和某某在谈恋爱，可他……"

之所以此类现象时至今日依然难绝其迹，原因便在于"既然两人发生了肉体关系，男人就必须负起责任"这种陈腐的观念在日本社会依然根深蒂固。

一般来讲，女性很少会将结婚与恋爱区别开来视作两码事情。换句话说，女性往往将结婚理解为恋爱发展的必然结果，甚至有些极端的女性从与对方发生关系那一刻起，便开始期盼着同这个男人结婚了。

然而男人的爱情似乎没有那么执着，对他们来说，恋爱就是恋爱，恋爱和结婚之间并没有必然的联系。这种观念上的分歧或许就是造成爱侣之间男苦女怨的一个重要原因吧。

需要申明的是，这里所讲的恋爱是指男女双方间认真投入的恋爱，而不是那种都市里每天上演不绝、数不胜数的爱情游戏或者叫"疑似爱情"。这一点必须事先有所理解和区分，否则易导致误解。

对于恋爱，男人希望能忠实于自己的感情，即对对方的喜欢或好感，但同时很多男人就像前面的船夫那样，至多将其作为美好和宝贵的回忆一直保持下去。总之，恋爱和结婚是没有必然联系的两码事，因此即使是喜欢这个女子但结婚却完全可以选择那个女子。所以当女方要求结婚时，男人们往往会如此辩解："我是说过喜欢你，可我没说过要和你结婚呀！"以此作为脱身的理由。

可这一套辩解在女性那里不一定行得通。有些女性只要她们有此意愿，就会像前文所述的那样向上司求援，或向朋友们哭诉，使尽各种各样的手段以实现结婚的愿望，尤其是在女性怀有身孕的情况下，如不出意外，男人一般都是无处可逃，最终被女方逼迫着乖乖就范。

如此看来，虽然表面上看女性似乎对恋爱不怎么积极主动，实际上女性往往较男人更加积极地经营着爱情，编织婚姻的美好前景。

"家里人又在催我去相亲，要不要去敷衍一下？""我要是去相亲的话，你会不会吃醋？"，等等，都是女性旁敲侧击对方的一种手段。倘若男人实心实意地回答说"那你就去看看吧"，女性必然会怒从心生："你真没良心！""原来你根本不把我放在心上！"于是常常引发一场争吵。

为避免这类棘手的问题，男人们往往会从友人那儿听取忠告、获取些许经验，例如"那样的女人你最好小心些"或"如果你没有和她结婚的打算，最好还是适可而止，不要陷得太深。"

另外，尚无结婚打算的男人为远离这样的麻烦事，往往会挑二十岁上下的年轻女性交往，因为年轻女性理所当然地也同样渴望享受单身的自由，而不会急于结婚。

总而言之，越是性格顶真、行事谨慎的女性，当她们以身相许，对对方产生真感情之后就越倾向于将恋爱和结婚联系在一起考虑，因而这类人特别容易出现感情上的争执和危机，可以说完全是性格使然。

不过，如果我们再深入一步来探讨就会发现，男人之所以不将恋爱与结婚等而视之，其实根本原因在于男女在性本质上的差异以及对于恋爱的认识分歧。

坦率地讲，在年轻男人的心目中，恋爱之于他们的重要程度同运动、赌博等活动半斤八两，不分上下。这话听上去有些残酷，但事实上他们感觉恋爱确实与这些活动相去无几，他们想和女友约会的感觉，和他们想去旅行、滑雪、喝酒的感觉几乎是同等的。

而女性一旦坠入恋爱，恋爱便成为她的一切，恋爱即生命。即使提不到生命的高度，但至少同运动或是其他娱乐等相比，恋爱具有至高无上的地位，其他事情根本无法与之相提并论。

绝大多数女性认为男人恋爱之后会像自己一样全身心投入，或者应该是全身心投入，这样一来往往会产生矛盾。

近年来热衷于玩麻将的男人大为减少，但曾经有一段时期，男人们乐此不疲，几乎每个男人都有过通宵作战的切身经历，为此同恋人发生争吵的不在少数。男人们一旦玩起麻将停不下手，以至彻夜不归，于是恋人自然怒气冲冲地责问："我和麻将，究竟哪个重要？！”这种时候，虽然男人对她感到愧疚，却不会因此而放弃麻将。对男人来说，本来运动、赌博就几乎是和恋人同等重要的事情，但如果照直说势必激怒对方，于是只好敷衍道：“当然是你喽。”

假若女友紧逼一句：“既然这样，从今以后再也不许玩麻将！”男人们一定会大失所望，觉得女友太不近人情。如此几次下来，男人们自然会感觉女友似乎成了一种束缚，于是伺机逃出她们的藩篱。

无论怎样爱自己的女友，男人终归有属于他自己的梦想，例如，驾驶帆船去航海一个月，或者和同性朋友们去打几天高尔夫球，他们渴望沉浸在自己的世界里不被任何人打扰。等到与女友数日不见面，男人又会突如其来地想要见她。要说男人就是随性而为的动物，那么从这个意义上说，男人确实如此。这样说似乎有些毫无悔悟之感，但女性若同男友生活过一段日子，便会对此有比较深刻的了解。

这种倾向在结婚之后也不会改变，并不是男人故意忽视家庭或忘记了它的存在，只是对男人来说，家庭固然重要，可是还有其他事情与家庭同等重要。用一句话来概括他们的真实想法，便是：“我迟早会回家的，所以希望你暂且睁一只眼闭一只眼吧。”

理所当然地，对于男人的世界并非所有女性都能理解并乐意采取宽容的态度。正如男人只从男人的视角出发考虑问题一样，女性往往也总是用女性特有的思维来看待事物。

例如，有的女性时常流露出对具有浪漫气质和冒险精神的男人的赞赏，可一旦自己的恋人或丈夫提出要驾驶帆船远航三个月，恐怕大多数女性都会难压心中怒火，她们绝对无法容忍男人将自己置于不顾，于是有时候就会冒出“驾驶帆船比和我在一起更重要吗？”之类的诘问。既然如此，女性当初最好不要口口声声赞赏那种所谓浪漫的情调。

或许有的女性会恳求说：“那就带上我一起去吧！”对此，绝大多数的男人都会斩钉截铁地加以拒绝：“No！”

个中理由不是因为男人讨厌她，而是由于不管干工作也好，打牌赌博也好，驾驶帆船也好，男人们热衷的这些活动都是限于男人的圈子，全部由男人组成的社会里的活动内容，如果带上妻子或女友，不仅有可能打乱男性世界的秩序，更有可能影响到他与朋友之间的友情。

男人异常珍惜这种友情，在他们心目中友情占据的地位远远超过同样的东西在女性心目中的地位。理由很简单，男人如果失去友情便意味着被男性社会屏弃在外，最终成为一只失群的孤狼，这也意味着男人将彻底被这个社会抛弃。男人早在少年时期就开始体会到这种感觉，所以在男性社会中确保自己的位置对他们而言，同珍视自己的妻子或女友一样重要，绝对是不可或缺的。

这种倾向在日本的男性社会里尤其明显，如果对男人的这种感觉不能理解，也就无法真正地理解男人和女人。

二十出头的男人，正是步入男性社会的起步阶段，在这一时期，他的首要任务便是如何确定自己在男性社会中的位置，因此，从某种意义上说，一种自由宽松、左宜右有的恋爱关系是最理想的。

日语中有个词叫“适龄期”，近年来这个词在都市气势渐衰不那么流行了，“适龄期”原是针对一些上了一定年龄的女性使用的词，其中暗含着催促她们早日结婚的意思，故此听起来让人颇感不舒服。对年轻人来说，这似乎是多此一举的关心，但平心而论，年轻男女的确有那么一段时期可视为最佳婚龄。其实男人也有“适龄期”，在日本社会里，如果一个男人尚未成婚，在很多时候不被看作是个成熟、可以信赖的人，甚至被上升至人格的高度来看待，许多企业不会将重要的职位给予未婚男人。

以前曾听说过这样的事例：有一段时期不少出租汽车公司都将婚姻状况作为招聘新司机的一项重要条件，企业方面认为有家室的人多一份丈夫和父亲的责任，因此工作中会更加小心谨慎，发生交通事故的概率会更低，加之有了家庭需要抚养照顾，短期内一般不会辞职，工作更加安稳，因而企业也可以更加安心。

男人如果年近三十还不成家，父母便会不停地催促：也该找个人安定下来啦。另外，倘若他年近四十岁仍是独身，周围的人很可能在背地里胡乱猜测起来：“这个人是不是讨厌女人？”“不会是‘同志’吧？”甚至会觉得他“可能有什么暗毛病吧？”

面对来自家里家外的有形无形的种种压力，尽管有的男人顶住了，坚持独身不婚，但是大部分男人过了三十岁，便自然而然地产生“是差不多该成家了吧”的念头。

男人们开始强烈地意识到结婚一事大多是在三十岁前后，对男人来说，这个年龄无疑是一个动荡不安的时期。

三十岁前后的这个年龄段，也是男人精神上发生重要转折的时期。

在此之前，包括二十出头的大学生，总的来说男人们涉世尚浅，“初生牛犊不怕虎”，易陷入盲目的自信，对长辈及前辈不屑一顾、无情抨击，甚至恃才放旷、指点江山，很有些忧国忧民的“风华正茂”之气概。在走出校门踏上社会的最初一段时期，面对“象牙塔”外的新世界他们充满了好奇，依然怀着相当的自负。

然而几年过去，当他们逐渐认识了社会的结构和自己在社会中的地位之后，才意识到自己人微权轻，只不过是整部社会机器中的一颗螺丝钉而已。非但单靠他们个人几乎什么事情都做不成，更让他们灰心丧气的是，在工作中时常会失误出错，遭到上司和前辈训斥，先前那点自信慢慢地消失殆尽。于是男人开始认识到社会并不像自己当初想象的那么简单美好，从而对自己越来越感觉失望。

女性踏入社会后，因工作上失误出错而情绪低落的事例也不少，但总的来说，男人受到的要求和期待更为严苛，因而男人更容易心理受伤，如果得不到企业以及上司的肯定，他们会陷入非常不安的境地。

此外，踏上社会的最初四五年内，男人之间的同期意识还较强，经常可以和同期毕业的校友及同期进入公司的同事一起喝喝酒、发发牢骚，借以消愁和调整情绪。然而随着岁月流逝，同期之间也逐渐产生了明显的差距，特别是三十岁过后，仕途有望者与事业无能之辈截然分明。如此一来，即便是同期的校友或同事，一起喝酒的时候也不可能再像以前那样推心置腹、毫无忌惮地诉说工作中遇到的问题，相反更多的是双方变成了一种竞争对手关系、上司和下属的关系，于是能够无拘无束相处，抚平自己郁怒张狂心绪的朋友越来越少。

尽管现在的日本社会已有很大进步，但像这种等级森严的“年功序列”现象依旧顽强地残存不死。男人们身处企业或政府机关，相互间日复一日地进行着残酷无情的竞争，在这种纵向型的社会里生存和工作，时常出现焦虑不安或灰心丧气也在所难免。

于是男人们自然而然地希冀从不属于男性社会的女性身上寻求疗愈和精神寄托。在这种情况下，男人并不一定是真心想同女性恋爱或结成性爱伴侣，而是期待身边有一位无条件的同盟者，这样，当男人怨叹“今天又挨部长训了……”的时候，女性就会劝慰自己：“这点小事有什么好唉声叹气的”，并且还会给予自己最需要的鼓励：“我想这不是你的错，可能是部长的处理方式有问题。”

男人这种心理上的脆弱期大多发生在三十岁前后，因此男人在这一时期无时无刻不希望有一位善解人意的女性成为自己的可靠同盟。当然这也可能会导致结婚，假使身边恰好有这样一位合适的女性，男人希望她一辈子成为自己无条件的同盟者的话，就会毫不犹豫地迈出结婚这一步。由此看来，女人想最终称心如意地得到心仪的男人，最有效的办法莫过于抓住他的心理脆弱之处。

以上是一般企业白领对于结婚大致相通的想法。除此以外，还有的是因为到了年龄而想成个家、生个孩子，让父母放心；有的是对单身生活感到厌倦了，希望身边有个人帮他扫地做饭什么的；也有的则是为了能够长期而稳定地享受性爱生活，如此等等，不一而足。总之，在这个时期，男人们头脑中开始考虑结婚这件事，并且付诸相应的行动。

换句话说，男人之所以打算结婚，不一定是出于对对方的爱情，还可能是受到其他各种各样的精神因素和社会因素所迫，从而做出这个决定。因此当听到交往的男友提出“结婚吧！”之类的要求时，女性最好不要简单地将它理解为是对方对自己情深意浓才结婚，而应当打点折扣，冷静地认识到还有其他多种因素都可能导致结婚这一结果。

当然这样说，并不是希望女性去责备男人的小算盘或功利主义，因为结婚本身不就是在考虑现实中种种状况的基础之上，男女双方订立的一份感情契约吗？

当正儿八经开始考虑结婚的时候，男人一般会选择哪种女性作为结婚对象呢？

首先浮上脑海的一定是相貌、姿容。没错，有谁不爱美？哪个男人不希望自己的妻子貌美如花？但事实上，男人对女性外貌的重视程度远不及女性所想象的。出乎女性意料的是，男人最看重的是会做家务、性情温和、率直，真心实意爱自己的女性，如果具备了以上优点，即使其貌不扬也不是什么大问题，当然如能同时拥有美丽的容貌更是求之不得。不过一般来讲，男人大多有自知之明，不像有的女性那样贪求无厌。

特别是男人经过在社会上的严格锻炼，对于结婚，不会再像女性那样追求不切实际的梦想，而会以冷静的目光来观察自己的周围，物色合适、相配的对象。这里值得注意的是，男人往往不像其恋爱时豪言壮语所表白的那样，面对结婚他们其实是非常保守的，他们会特别注重将要成为自己妻子的这个女性能否与自己的双亲和睦相处，能否照顾好家庭、爱护家庭，等等，现实中由于双亲反对而打消结婚计划的例子也不在少数。从这一点来看，与女性相比，男人似乎更加顾忌周围人的反应。之所以这样谨慎，是因为男人觉得：如果同一个与父母相处不好的女性结婚，以后自己夹在双方中间，就有自己受的了。当然也不乏男人是出于不想让父母伤心的考虑才如此。与以前相比，现在年轻人中这种尊重父母意见的情形更加普遍，这大概与独生子以及长期同父母生活在一起的年轻人增多不无关系吧。

正如许多公司白领中流行的“贤妻成事”“有个好老婆，就能出人头地”的说法，男人们无不希望自己的妻子举止落落大方，谈吐自如得体，当邀请公司同事来家里玩或前去拜访上司时，能给对方留下一个好印象。自然，对于穿着打扮不要太过花哨、有无浪费习惯、岳父母的为人以及妻子的家庭环境等，男人也很在意。

男人面临结婚时倾向于这种保守与功利的考虑，概而言之，这是因为男人本身是一个非常社会性的存在，故此一个八面玲珑的妻子更加有利于其个人发展。上司一句“你有个很不错的妻子嘛”的夸奖，不仅会令男人感到自豪，同时也暗含着对其本人的赞赏。出于这方面的考虑，男人在选择妻子时往往觉得长相普通但有教养、品行优良的女性要远远胜过那些外表出众却举止欠妥的美女。

对男人来说，正如一句戏言“适合交际的女人不一定适合做妻子”所说，很多人在拥有极富个性、性感妖娆的情人的同时，却选择外表毫不出众但性格柔顺的良家女子结婚。或许有人会认为这样的男人卑鄙，但正因为他们是将恋爱和结婚区分开来考虑的，所以才会这样做。

不少女性可能会谴责这类男人，但是冷静地想想，很多女性对结婚不是也抱有相当现实的想法、将结婚与恋爱区别考虑的吗？例如，恋爱时选择花花公子型的男人，充分享受刺激富有激情的爱情体验，而一旦结婚，则首先考虑的是对方的收入、发展前途以及家庭地位等诸多因素。如此看来，至多是“五十步笑百步”，两者并没有本质上的区别。

这种追求浪漫爱情，而结婚时则转为极其现实的倾向，在上流的官僚阶层中最为明显。他们中的许多人，为了实现其他日飞黄腾达的野心，竭力攀附政治名门或是财经界的实力人物，将之放在第一位，而将个人的感情置于其次。

如果将此种男人斥为对爱情不诚实，或许一点没说错。不过，女性中也委实有不少人特别经不起金钱或富家子弟的诱惑，所以不能一味地只指责男人。

综上所述，与女性相比，男人对待结婚似乎更加理性一些，能够不为感情所动。当他们下定决心结婚时，与其说是爱情的必然结局，不如说是其他多种现实功利因素促使的。

此中的理由除了上文所述男人是一种社会性很强的动物之外，还因为男人常常会期待着即使双方之间没有什么牢固的爱情，但随着两人一起生活，爱情自然会逐渐加深。换句话说，他们认为夫妇之间的爱情不必来得太炽烈，否则，激情四射的结婚更容易令其感觉疲惫，况且难以维持长久。对一般日本男性来说，理想的状态是夫妇间感情平稳、自然，像一盆温吞水一样，至于性爱也无须过频，偶尔为之的程度就可以了。

这对那些憧憬着炽烈、甜蜜的两人世界和温馨家庭的女性或许是一种亵渎。但对男人来说，他们所期待的家庭无非是一个不必设防、能够彻底放松身心的场所，失意时能够得到抚慰，屈辱时能够得到鼓励，使其第二天继续鼓足干劲儿投入到工作中去。因此，不管对方如何美貌、如何性感，倘若仅止于这些，男人将立刻身心俱疲。男人们在开玩笑时喜欢这样调侃：“工作和性严禁入内（家庭）”，其实这一半是玩笑，一半也确实是实情。

尽管如此，不论男女，年轻的时候对恋爱满怀憧憬乃人之常情，可能的话希望最好由恋爱关系顺理成章地发展为婚姻关系。不过，一旦具体开始思考结婚问题时，却往往并不顺利，在某种程度上他们不得不向现实妥协。

在这方面，女性想必也不例外。对于结婚对象，很多女性除了相貌以外，对其学历、收入、父母的职业以及家境资产等也会设定诸多条件，在此基础上，女性们还希望与这些条件俱齐的对象经历一段奔放浪漫的恋爱，然后再步入婚姻殿堂。换句话说，女性就好比先进行第一轮书面材料甄选，圈出达到一定分数的面试者，然后将目标集中在这些人身上，经过恋爱，爱上对方之后才考虑结婚。

不言而喻，这个时期的女性即使原本不喜操持家务，但是怀着与所爱的人共同开创新生活的美好憧憬，也会醉心于学习料理、插花，或流连于摆放有各色各样家具和日常用品的橱窗前。女性对于即将到来的婚姻生活的期待，要远远超过男人。

而男性对此似乎并不怎么醉心，他们考虑问题的出发点更加现实，这与女性有着微妙的差异。说得极端些，男人只要具备结婚的条件，即使尚未达到热恋程度，也可以与之步入婚姻。相反女性则无法跳过恋爱这一阶段，即便是相亲结婚，她们也会宣称："相亲只不过是两个人结识的契机，双方经过恋爱互生感情，所以才决定结婚的。"

由此可以看出，与男人相比，女性异常看重双方之间的爱情，并且期待着自己的人生会因结婚而发生戏剧性的变化。

正因为如此，即使下了结婚的决心，很多女性仍然会心旌摇摇、心猿意马：难道真的要同这个人一辈子生活在一起吗？自己的选择究竟有没有问题？有的女性甚至会犹豫再三而提出解除婚约。这是因为女性对于爱情本身的重视更甚于其外在形式，而男人则即使稍存不满，但仍可能先结婚再设法去解决。男女之间在这方面显然有所不同。因此，当女性没有十分的自信，觉得自己无法牢牢获得对方的心的时候，便很有可能不顾周围人的劝阻，义无反顾地提出毁婚。

在小城镇长大的女性，不少都视婚姻为极大的束缚，一旦结婚，就不能再像以前那样自由自在地玩乐、出国旅行了；而生活在大都市的女性则担心今后将作为妻子和母亲而被禁锢于家庭中，因而对告别单身时代尤为感伤。无论何种情形，都造成女性在面临婚姻时比男人更加犹豫彷徨。如今，女性的晚婚已经成为一大社会问题，其背景恐怕就在于女性往往比男人更容易感受到结婚给自己带来的社会制约。

曾经有一个名声在外的花花公子在电视节目中披露了他的艳游体会。按他的说法，婚约在身的女性最容易得手。依照常理，男人一般绝不会想到去挑逗已经订婚的女性，然而这个花花公子却分析道，女性订婚后往往对自己的婚事踌躇不决、心神不安，此时最容易乘隙而入，因此得手率高，而且“得手之后也用不着负任何责任，没有比这更爽的事了！”惊愕之余，不得不佩服那些风月场上的老手，他们对于女性心理的把握可谓登峰造极。

当然，顺顺利利地恋爱、不经多磨而成好事，最后在双方亲友的祝福声中迈入婚姻殿堂的男女情侣也不少。

毋庸讳言，男人这种动物总希望自己是同类中最强的，尤其在妻子面前如果不能占上风，他们便会有一种强烈的挫折感。男人挑选妻子时大多希望对方性情温顺，婚后也希望妻子固守于家庭，就是因为将妻子与社会隔绝、不让其领略到外部世界的风光，自己更容易显现出优势。这种在潜意识听上去幼稚可笑，但却实实在在地反映出那些缺乏自信的男人自尊心特别强，并且唯恐其自尊心受到哪怕一点点伤害。

这种男人大多不情愿同工作出色、能力胜过自己或学历高于自己的女性结婚。当然也有以拥有一个优秀的妻子而感到骄傲的男人，不过这仅是少数，此处我们探讨的只是大多数男人，因而可以将这类男人排除在外。

坦率地讲，绝大部分男人对于自己妻子貌美如花、出身名门及家境殷实等都会怀着自豪的心理，然而倘若妻子的受教育程度和知识水平超过自己的话，他们心里往往就不是滋味了。

因此，面对学历高、能力出众的女性，多数男人会敬而远之，他们担心同这样的女性结合后，很容易出现妻子在外比自己更被别人认可，更受人尊敬的不利情势。另外，这样的妻子在社会上与其他男人接触广泛，会不会将自己与其他男人进行比较？这类担心会令男人时常处在一种危机感中。

男人即便喜欢上一个能力强、积极投身于事业的女性，希望与之结成连理，也往往会遭到母亲的反对。这些做母亲的坚持认为工作上太出色的女性，势必会牺牲掉家庭，甚至对家庭不闻不问，故此绝对不适合娶进门做媳妇。近来社会上自小受到家庭宠爱、对母亲有着强烈依恋的男人日益增多，这些男人最后毫无例外都会唯母亲的意见是从，舍弃自己的选择。

虽然当今社会女性越来越多地活跃在各行各业，与男人分庭抗礼、顶起半边天的现象早已屡见不鲜，但男人心里潜藏的这种山大王般的唯我独尊心理却没有根本改变。或许在男人们的内心深处仍然根深蒂固地有一种潜意识，期待着从妻子身上找寻到母亲的色彩，即希望妻子能够像母亲一样无条件地接受自己、包容自己，同时甘心居于从属的地位。

或许在女性看来，这纯粹是男人一厢情愿的任性要求，事实上每个男人或多或少都怀有一些恋母的情结。男人在心理脆弱、感到迷茫无助的时候渴望结婚，也正是这种心理的具体表现。对此，女性大概都会产生抗拒："开什么玩笑，我又不是你妈！"

话虽不错，但仔细想来，做妻子的有时不也会向自己的丈夫寻求一种父爱或朋友之间的友情，而非一味爱人或恋人般的感情吗？因此拒绝扮演母亲的角色，从某种意义上说也是一种任性呀。

总而言之，婚姻并不只是一对相爱的男女两个人之间的事情，他们有时候需要相互扮演对方的父亲、母亲或朋友的角色，有时候还会展现出孩子般天真无邪的一面，因为婚姻本身或者说生活本身需要他们这样，如果不能够全盘接受这些要求，恐怕很难称得上是真正的爱情和婚姻。

两人有缘终成眷属后，第一个不得不面对的问题便是婆媳关系。

在探讨这个问题时，首先必须对此有所理解：婆媳关系难以协调是很正常的现象。

对一个母亲来说，说得夸张些，媳妇就是将自己最心爱的儿子夺去的那个女人。虽然多数母亲也试图去理解儿媳妇，但是这种儿子被夺走的意识确实是难以抹去的。况且，儿子与媳妇是通过性爱结合在一起的亲人，对此母亲也会抱有一种近似嫉妒的感情。最明显的例子就是，有的母亲在潜意识里将儿媳妇看作是"勾引儿子的女人"，甚至有的母亲觉得自己好像是受害者，儿子因为媳妇而开始变心，要抛弃母亲了。潜意识中抱有这样的感情，做母亲的自然对媳妇会产生敌视和嫉妒，这可以说是做母亲的一种本能，无论是多么通情达理的母亲，潜意识中必定难以消除这种念头。

另外，媳妇则往往觉得丈夫与婆婆之间的亲情十分牢固，而这种亲情越是牢固，媳妇就越是希望割断它，使丈夫的感情全部集中在自己一个人身上。这既是出于妻子想一人独享丈夫爱情的独占欲，还因为对妻子来说，丈夫理应是自己最重要的亲人，丈夫对妻子的爱情关乎做妻子的面子。

由此可见，婆媳关系的实质其实是围绕着一个男人的"三角关系"，这个男人既充任着丈夫的角色同时又是儿子的身份。这种关系即便表面上看来和睦融洽，但是在其深处总是交错着诸多相互嫉妒的复杂心理。加之婆媳之间因年龄差距也会产生隔阂，这一点不容忽视。一般来说，五六十岁的女性和二十多岁的女性委实难以和睦相处，这样的两个人在一起生活，想不发生摩擦都不可能。

由于年龄差异，人们的生理状态各不相同，呼吸次数、脉搏频率、血压，等等，年轻人与老年人之间有着明显的差异。由此带来的是每人的运动量、饮食习惯、生活节奏以及对噪声的容许程度，一切都不相同。例如，年轻的夫妇可能喜欢摇滚乐，但在公婆听来却是难以忍受的噪声，于是便会产生家庭矛盾。

如此看来，要让婆媳双方和睦相处确实不是一件容易的事情，两者之中必须有一方做出让步才可能相安无事。旧时是以媳妇的一味忍让来换取家庭和睦，然而当今时代不同了，双方都必须克制自己和容忍对方，遇事各让五分，否则掌握不好恰当的分寸、互不妥协的话，就可能立即打破两者间的平衡关系，而爆发激烈的矛盾。

因此，做媳妇的不妨对婆媳关系事先有个心理准备：两者关系难处是天经地义的，做婆婆的注定对儿媳妇怀有敌视和嫉妒，而不要指望双方可以通过沟通来解决问题，构建和睦的婆媳关系。这或许就是处理好婆媳关系的秘诀吧。

夹在婆媳两者之间的男人，对恼人的婆媳关系又是如何看待、如何反应的呢？

简言之，他们唯一的愿望便是希望婆媳之间风平浪静，不要生出什么麻烦来。

因此，在决定婚事之前，尤其是将来要和父母一起生活的家中长子往往十分重视结婚对象今后能否与婆婆和平相处，当觉得毫无问题时他们才会下定决心。

然而婚后的生活并不会像想象中那样顺利，多数情况下，男人会发现母亲和妻子各自牢骚满腹。母亲会抱怨说：“你可不能对她太娇惯啊！”“都是你平时纵容她，所以你看她花起钱来大手大脚的。”妻子则抱怨说：“妈妈根本不考虑我的感受，动不动就自作主张，命令我做这做那的。”

此时，男人最好是永远保持中立，两面讨好，哪一方都不得罪。对妻子他会劝说道：“老妈的话不要放在心上，听过就算了。”对母亲则百般抚慰：“我理解你的心情。我会狠狠批评她的，你就不必太动气了。”这或许是男人的狡猾之处，但反过来说，正因为妻子和母亲对于他都是最亲近的亲人，任何一方他都无法舍弃，所以只能向双方说好话，希望尽力将事态平息下来。

以下是笔者从一位朋友那里听来的故事。有一对年轻夫妇住在离公婆家相当近的地方，因母亲年纪大了，做儿子的放心不下她的身体，经常在下班途中顺便去母亲家坐一会儿。然而妻子对此却略显不快，所以他只得每次都瞒着妻子。然而母亲并不知情，每次儿子来，母亲总是煮些芋头汤之类的让他带回家：“你不是喜欢吃这个吗？带些回去，我想她不会做这些的。”儿子想说不要，但怕伤了母亲一番好意，带回家又怕妻子不高兴，所以每次都是在回家途中独自将这些食物吃掉。

这个故事听上去有些凄惨，但男人夹在婆媳中间过日子确实很不容易。最让男人头疼的是妻子有时候会诘问：“你妈和我，到底哪个更重要？”几乎所有的男人会回答：“当然是你重要喽。不过妈妈年纪也大了，又寂寞，你要多加谅解。”但同时他们心里一定在想：“哪个对我来说都重要，怎么能说谁比谁更重要呢？”同样，如果母亲追问：“我和你媳妇，到底谁重要？”男人们便会回答：“那当然是你啦，我和她没有血缘关系，和你才是血脉相通、骨肉相连的呀。”

男人如此抚慰双方，为的是息事宁人，家庭和睦。但一般来说，结婚初期，多数男人会比较护着妻子。当然，这也取决于每个人的个性差别，近年来不少受到母亲无微不至照顾的男人，一有风吹草动便躲向母亲寻求羽翼。大致随着岁月流逝，结婚多年的男人心理上又会逐渐向母亲倾斜，一方面是因为男人对于同妻子的性爱失去了新奇感，感情的牵缠逐渐淡漠，再者是因为母亲年事渐高。

男人深知自身的世故，他们用这种方式周旋于母亲和妻子之间，为求得片刻的安宁而煞费苦心。

不管怎样，母亲和妻子的矛盾和不满只会使男人备感消沉，以至男人为了避开听到妻子向其诉苦，情愿在公司里加班做事，或和同事朋友一起去喝酒，以此达到晚回家的目的，有的男人则干脆采取事不关己高高挂起的态度，反正这些家庭矛盾对人生来说只是微不足道的小事。

对于婆媳间的矛盾，大部分男人仅仅停留在听任她们发牢骚然后抚慰几句的阶段，而不会积极主动地采取办法加以解决。从这个意义上说，丈夫对于婆媳关系问题缺乏当事人的意识。事实上，倘若男人想对此采取些什么措施的话，反而有可能火上浇油，使婆媳双方情绪更加激化，事态失去控制。男人们凭本能觉察到这一点，因而都是尽量采取避免让自己卷入其中的态度。

站在妻子的立场，丈夫这种做法无疑是在消极躲避，不能根本解决问题，殊不知，这大大超出了丈夫的能力范围，丈夫是因为无力解决问题才不得已这样做的。

母亲和妻子间产生矛盾后，丈夫一般是采取鸵鸟主义，一头扎进沙堆里静待暴风雨过去。当这样做事态还是无法收拾的时候，作为最后一招，男人们有时候会向父亲求援，希望父亲出面劝一劝母亲。这一招出乎意料地有效，但倘若父亲已经故世，或者父亲与母亲关系本来就不怎么融洽，这一招也不顶用了。如果父母间关系融洽和睦的话，那么他们忙着享受自己的生活乐趣唯恐不及，就不会有闲心去对孩子的家庭生活横加干涉了。

如前所述，男人们一心希望婆媳和睦共处，一旦发生矛盾自己也不愿卷入其中。大约十有八成的男人对于母亲和妻子的对立和纷争感到痛苦，切盼着从中获得解脱，而剩下的两成人则对此类事情基本无动于衷。这是因为，当妻子和母亲分别向男人提出："你好好劝劝妈妈吧！""你要好好管教管教她！"的要求时有些男人会觉得这是自己受到双方器重的证据，从而感受到一种充实感。两名女性在最后不约而同地希望从自己这里得到声援，由此让男人觉得，自己才是这个家庭的核心，家庭成员都以自己的意志为意志，这对于那些自我意识较强，特别在意别人对自己看法的男人来说，当然会令他们感到得意和满足。

即使婆媳两人表面看没什么矛盾，但婆婆一般总是对儿媳妇抱有一种敌对性的竞争心理，为此每次儿子回到自己家时，总要变着法儿显示其对儿子的深切爱意。

“她不会煮饭烧菜，让你跟着受罪了”“她只管自己工作，再怎么也应该照顾照顾自己的丈夫呀！”当儿子听到母亲如此数落媳妇的时候，他们表面上会模棱两可地回答：“唉，这也是没办法的呀。”内心却往往同意这些说法。或许他们原本心里就是这样想的，却不便向妻子抱怨。现在从母亲嘴里说出了自己的不满，虽然表面上没有附和，但内心却有一种一吐为快的感觉，并且发泄得心安理得。

这种情形不仅仅限于母子之间，在一般的人际关系中也不例外。例如自己对 A 有意见，而当 B 言辞激烈地对 A 进行贬损时，自己说不定就会站到 A 的立场上替他说几句好话：“其实他身上也有好的地方呀。”同样地，当母亲说了一大通有关妻子过火的话时，虽然自己对妻子也有不满，但也会反过来劝慰母亲：“算了，算了。”这样一来，男人会觉得自己的确成熟了，处理起事情来很大度。

母亲、儿子、儿媳妇这三者间的三角关系建立在一种微妙的平衡基础上，他们之间发生矛盾和争执是极其正常的。当然，婆媳之间偶尔也有相处得非常融洽的时候，最显著的例子便是，当儿子在外面另有情人的时候。此时，对婆婆来说当前的敌人是儿子的情人，敌人的敌人便是盟友，于是婆媳成了同一阵营的同志，母亲一面规劝儿子、数落其情人的不是，一面尽力抚慰受伤的媳妇，有时还会拉着媳妇的手向她赔不是：“让你受这样的委屈，真是对不起你啊。”媳妇此时也感到痛苦万分，且尽显脆弱的一面，于是毫不掩饰自己的痛苦，自然而然地同婆婆结成统一战线，两人互相同情互相安慰，关系变得十分融洽。

此时婆婆对于曾被自己视作勾引儿子，如今却败给了其他女性因而伤心不已的媳妇会有一种无以名状的优越感。但不管如何，当儿子不顾三者间的平衡、试图摆脱“母子媳”这个三角关系的时候，婆婆和媳妇之间才能够真正进行心灵上的沟通，这实在很有讽刺意味。

让我们再来探讨一下，随着时代的变迁，婆媳之间的关系会出现怎样的变化。

一直到第二次世界大战爆发前，旧时的媳妇大都在少不更事的年龄便嫁入夫家，在婆婆的管教下学会操持家务，养成良好的生活习惯。虽然她们时常受到婆婆的训斥和虐待，饱受委屈，但越是这样，儿媳妇就越希望能早日熟悉婆家的规矩，掌握各种技能，成为一个合格的家庭主妇，所以对婆婆的欺凌和管教总是坚持忍让。事实上，年轻的媳妇对自己的未来生活也有她的憧憬，尽管需要熟悉和掌握的东西举不胜举，并且意识到所谓的婚姻不只是一个人同另一个人的结合，同时也是一个家庭同另一个家庭的结合，但只要能坚忍下去，今后一定会成为这个家庭的当家主妇，取得稳固不移的地位，因而她们将全部希望都寄托于未来。

随着时代的变迁，家庭越来越趋向于核心家庭[1]化，现在人们

1 核心家庭：由夫妇两个人或夫妇和未婚子女组成的家庭，是构成一切家庭形态基础的最小单位。

的观念中，女性结婚已不再是传统意义上的出嫁到某个大家族，而是一个女性同一个男人组成一个新的家庭。不过人们的意识还不可能完全转变，如今的许多婆婆头脑中还留有做儿媳妇时的痛苦体验，她们虽然不希望自己的女儿再受同样的苦，但对于儿子娶进门的媳妇却依旧希望她们一如从前，孝敬公婆，恭顺丈夫，遵守旧时的所谓“妇道”。尤其是一些大家庭或是小城镇的旧式家族中，这种观念仍然根深蒂固，难以根除。从这个意义上说，婚姻形态如今依然处于一个过渡时期，而怎样构建完美的婆媳关系，时至今日人们还没有找到良方。

与此同时，随着家庭中孩子数量越来越少，母亲花在抚育孩子方面的精力比以前增多，甚至到了完全不必要的地步，以致许多男孩觉得做父母的就应当无所不包。这些男孩进入结婚年龄后，很自然地对自己的妻子也会提出过多要求，希望她们能像自己的母亲一样照顾自己，凡事依着自己。然而现在的女性已非昨日，她们具有极强的独立意识，珍惜自己独有的生活方式，不满足于只为丈夫而活。由于这种夫妇意识上的分歧，使得婆媳关系问题又有了不同于以往的形式，从而使这一老问题变得更加复杂。

近年来出现的一个新问题是年轻人对于性爱越来越淡漠化。如前所述，婆媳关系实际上是两个女性围绕着一个男人所产生的三角关系，说得极端些，其中一个人通过血缘关系与这个男人保持着关系，另一个人则是由于其女性的身份、通过性爱将自己和这个男人联系在一起。作为妻子，她最强大的武器就是包括性爱在内的女性魅力，而倘若丈夫对此视若无睹的话，妻子就不可能在婆媳战争中胜出。因为从饮食到日常生活的点点滴滴，丈夫从小便习惯了母亲的一套方式，加之婆婆对自己儿子的要求会尽量满足，可谓无私奉献，而妻子却往往对丈夫指手画脚提出各种要求，做婆婆的当然先在对垒中占据了优势。但妻子可以运用其女性魅力抵消婆婆在日常生活方面所占据的优势，从而保证三角关系的平衡。但是，一旦夫妇间的性爱日渐减少，甚至变得可有可无时，母亲在这个三角关系中就极有可能占据更加有利的地位。

换句话说，随着难以摆脱恋母情结的“乖宝宝”式男人的增多，以及男人的性势能的减退，婆婆在婆媳关系中的地位会越来越高。

综合起来说，结婚这种家庭关系形态较之婆媳关系本身更加具有重要的意义，目前的情况或许只能说，婆媳双方都在黑暗中摸索着最佳的关系模式。

对妻子来说，与婆婆同样难对付甚或更加难对付的是丈夫的姐妹，这也就是姑嫂之间的关系。

同旧时相比，如今的婆婆开始不再对媳妇说三道四了，但小姑子们往往仍动不动就找媳妇的茬儿，毫无顾忌地寻衅滋事。究其原因，恐怕是她们觉得这个外来的女人接管了自己的家，因而对其怀有一种本能的敌意，加上认为媳妇进门之后彻底改变了自小熏陶其中的家庭氛围，她们会从生理上感觉不舒服。尤其是家产殷实的人家，这种敌对情绪会更为激烈。此外，作为小姑子，因为身份特殊，即使同兄嫂或弟妹关系闹僵也会不甚介意。当双方剑拔弩张、闹得不可开交时，母亲会出来缓和局势，说一句“你不要这么说”，但是小姑子则会回嘴道：“妈妈你不好意思说，所以只好由我来替你把话说了。”这样一来，母亲往往也就默不作声了。

与此相反，男人对于同自己姐妹结婚的另一个男人绝不会表现出类似的态度，他们连想都不会这样想。为什么男女之间会有如此大的分别呢？最大的原因便在于男女结婚时，媳妇是进入男方家庭中的“外来人”，而除了入赘女婿，男人一般不会进入到女方家庭中，各自所涉及的切身利益不一样。对此，男人和女性会产生截然不同的危机感，加之男人在人际关系方面习惯于拉开一定的距离，使自己能够更加客观地待人接物。

总之，就像世人普遍认为的那样，没有血缘之亲的父母和子女之间，永远都不可能真正理解，最典型的例子莫过于婆媳关系。

当然这并不是说，婆媳之间永远都不可能和睦共处，切不可因此而绝望。

要想处理好这种关系，必须来一场意识革命。首先，应当对婆媳二者是完全不同的两类人这一事实有清醒的认识，双方不必过于接近。在此基础上，试着进行一下换位思考，尽量站在对方立场上考虑问题，假设自己是婆婆的话会怎么做，假设自己是媳妇的话又会怎么做，这样或许对婆媳关系的改善大有益处。

·第八章·

性爱高潮

每当看到女性的这些变化时，便情不自禁地为女性的性爱之深奥和神秘而感动。相比之下，男人的性爱实在是再简单不过的事情。

至此，我们已经从各个角度加以探讨了男人的性爱。在探讨女性的性爱时，无论如何有一点是不能不提及的，那便是性高潮。因为女性能否获得性高潮，不仅仅对其个人来说是一个重要的问题，对男性同样也具有重要意义。

让我们先来看一看，究竟什么是性高潮？用通俗的话来解释，性高潮就是女性达到性快感的巅峰、获得极大满足那一刻的状态。然而这种状态究竟是什么样的一种状态，其实是非常含糊不清的，而且也很难对它明确地加以界定。

至于女性是否在性爱过程中达到性高潮，这只能依据女性各人的主观感觉来判断，事实上不少人其实并没有达到性高潮，只不过“感觉非常棒”，便喜不自禁地认为这就是性高潮。

笔者在这里不揣冒昧地给性高潮下一定义：性高潮是性成熟的女性通过性交行为达到兴奋的极点时，伴随着强烈的性快感而出现的一种如同腾云驾雾般的飘浮感，有时甚至会短暂失去意识；与此同时，女性身上还会出现阴道周围组织充血、盆腔内局部体温上升以及阴道内黏膜痉挛等一系列的生理反应。

要达到性高潮，必须具备一定的条件。

首要的一个条件便是女性在性方面必须已较为成熟。初次与男人发生关系时，大多数女性除了感觉到疼痛之外没有任何其他快感，以致不少女性误以为“性爱原来也就这么回事”。在缺乏性经验的情况下，女性是很难感受到性高潮的。只有在不断积累性经验的过程中，女性的性感受得到开发，在交合过程中变得越来越从容，才会逐渐达到性高潮。

这便是女性生理的复杂之处，在这一点上，她们与男人截然不同。男人天生拥有性的感受，第一次射精就能强烈地体验到性快感，并且这种快感在以后也不会有多大的变化。与此相反，女性最初只有痛感，其后逐渐转化为快感，可谓变化万千且神秘莫测。

女性的性感受为什么与男性不同，会逐渐向纵深发展呢？最主要的原因是女性在一开始（还是处女之身时），其阴道口内缘被一层黏膜横皱襞也就是处女膜遮闭着，性交的时候，处女膜自然会破裂，此时，除了少量出血之外，还不可避免地伴有轻微的疼痛和不适。但随着性交次数增多，这种疼痛和不适感逐渐消失，女性变得更加易于接纳男人的性器了。

在肉体发生这一系列变化的同时，女性在精神方面也有不少障碍需要去克服。

首先，在性交时女性是接纳男人的性器进入自己体内，对此女性不仅会怀有一定的抵抗心理，而且还有对怀孕的恐惧。此外，许多人因为瞒着父母进行性行为，或者自身对非婚性行为不认可，所以会产生一种罪恶感，由此形成一种心理压力。

其次，有的女性童年时代或少女时期不愉快的经历往往也会造成精神上的创伤，使其对性爱产生强烈的厌恶感和恐惧感，压抑了正常的性感受。这里所说的不愉快经历，不单单指女性遭到强暴，以致对性爱有强烈的抵触情绪，还包括从小生活在管教过严的家庭，一直受到视性为邪恶的宗教灌输，或者年幼时曾目睹父母亲做爱的场面从而对性爱产生厌恶心理，等等，不一而足。这类女性如果想感受性高潮，享受真正的性快感，恐怕需要付出极大的耐心，经历一个漫长的过程。

总之，女性想要获得性高潮，必须从形形色色的心理压抑中解脱出来，砸碎精神枷锁。向心爱的男人敞开心扉也极其重要，心中有所保留，女性就不可能真正感受到性高潮。换句话说，女性只有充分信赖对方，做到身心共许，才能达到性高潮的美妙境界。从这个意义上讲，女性的性高潮除了生理因素，精神因素也占有极其重要的地位。

近年来女性越来越多地活跃于各行各业，在许多领域女性都展现出不让须眉的气概。但与此同时，男人却在走下坡路，很有些渐失作为雄性动物的威猛气势和自信心的味道。在不少充满活力的女性看来，这样的男人实在没出息，难以让人对之产生信赖。这种倾向继续发展下去的话，女性势必再也无法对男人产生信赖和完全以心相许，客观上成为女性获得性高潮的一大障碍。

除了前文论及的女性的性成熟程度、消除精神障碍以及对男人以心相许这三点，还必须补充的一点，就是男人应掌握一定的性爱技巧。即使前面三点都克服了，但倘若男人的性爱技巧粗糙拙劣，女性仍然难以获得性高潮。这里所说的性爱技巧，不仅仅指交合行为本身，还包括男人如何手法神妙地消除女性的精神紧张，使其彻底放松。这种性技巧男人必须通过反复的实践才能不断积累，而现今社会却似乎只要求男人正派、自重，故此男人要掌握这种技巧也非易事。

总而言之，女性要获得性高潮，必须跨越以上种种障碍，只有这样，才能享受到极致的性快感。

在考虑双方关系的时候，男女之间是否有性爱关系往往会导致极为相异的结论，这一点应该无须赘言了。

男人认为同心爱的女人有肉体交合，便意味着双方的关系已进入到真正的男女关系，对于对方欣然允肯同自己发展这种性爱的关系，男人们会满怀喜悦和感激之情。

然而这仅仅是男女关系的第一阶段，可以说两人的关系还仅仅是发展到门口，远未到达登堂入室的地步。再怎么说，男女关系的终极目标毕竟不能不说是获得性高潮体验，因而只要无法令女性到达性高潮，男人总觉得使命尚未完成，并为此不安。换句话说，这种状态就好比虽然酒菜落肚，却丝毫不觉得美味可口一样。

有的女性抱有这样的疑问："我是不是达到性高潮，他会知道吗？”如果对方是个具有相当经验的男人，毫无疑问是能够判断出来的，因为女性在达到性高潮的一瞬间，会通过性器传达给对方一阵前所未有的快感。此时，无须言语交流，女性的性器官充血发热，紧紧地裹住男人的阴茎，似乎就是在喋喋不休、舌无留言地向对方诉说自己的身体所感受到的强烈快感，此时男人从中所得到的快感可以说是无与伦比的。

通过让女性获得性高潮男人所能得到的快感，不仅仅局限于肉体上，更多的乃源于精神领域。只有在引导女性到达性高潮后，男人才第一次真正地感到“自己终于成为一个真正的男人了”，并且引以为自豪。对于给予他这种快乐与自信的女子，男人自然爱之愈深。

为什么男人对于引领女性达到性高潮一事如此地热衷？如前所述，女性达到性快感的巅峰，就意味着她对眼前这个男人彻底敞开了心扉，屏弃了一切虚伪的东西包括淑娴雅静的面具，将自己毫无保留、毫不戒备地呈现于男人面前。对方如此赤裸裸地呈现出一个真实的自我，便是她对男人身心共许的最好证明，由此男人会从心底里感悟到“她真正是我的人了”，因而兴奋无比，而通过性高潮所产生出来的双方相互间的归属感和亲密感，也会较之以往更加强烈。同自己心爱的女性一同攀向快感巅峰时的幸福感，对男人来说是其他任何东西无法替代的。

与此同时，女性往往以此为契机，会在心理上迅速同男人拉近距离，对他产生深厚而执着的爱情。当然，其后女性也会因此而产生许多复杂或令人摇头不已的感情，包括对男方的无条件献身以及嫉妒，等等，但总的来说，通过性高潮男女之间的关系会变得更深、更牢固，难以割舍，这一点是不容置疑的。理所当然地，沉浸在这种快感中的女性不会轻易放手眼前的男人，于是男人为了达到这一目的，对性高潮极其重视，不遗余力地引领女性向其攀登。

男人的最大愿望便是让女性达到性高潮，倘若不达目的，就会缺乏一种真正得到对方的踏实感，无法拂去心中的不安。这种性爱关系上的缺憾也会在日常生活中表露出来，性爱很不美满的男女间常常为一些鸡毛蒜皮的小事发生矛盾，争执不休，互不相让；而性爱生活十分充实的男女则显得柔情蜜意，相互体谅，相互包容。

让女性幸福地达到性快感的巅峰，对男人来说无疑“兹事体大”。但同时，如果不加努力、不掌握一定的技巧，尤其对于年纪轻轻经验较少的男人来说，是很难得偿其愿的。最为理想的境界是在女性达到性高潮的瞬间，男人同时射精，但如果男人缺少经验，与对方关系又尚不熟稔的话，很难做到步调一致。要想双方同时达到高潮，男人除了掌控好自己的性欲，还需培养精神上的从容和自信，在交合过程中不时观察对方的反应。不过年轻男人往往性欲强烈，却毫无自信，因而通常都是把握不住时机过早地结束战斗，所以很难令女性获得绝佳的快感。

而对于在性爱方面尚未成熟的女性，男人们需要花时间开启她们的心扉，通过各种各样的努力使其对自己身心共许，这就需要一定的体力、从容的心理准备以及和善的态度和对对方的体谅。在这方面，由于存在着个体差异，无法一概而论，一般来说，男人年过四十之后自然会拥有性爱的自信以及精神上的从容。这个年龄段的男人从体力上已开始走下坡路，不再像年轻时那样快速射精，但就耐久力和持续力而言，反倒使其具有了更多优势。不过令人遗憾的却是，在日本四十多岁的工薪族恰恰是工作最繁忙，精神压力最大的阶段，很多人并不能享有愉快和谐的性爱生活。

此外，对男人来说要引导女性达到性高潮绝非易事，以致不少男人干脆放弃了努力。例如，即使是恋爱结婚的夫妻，结婚前没有体验过真正的性高潮，结婚后虽然保持着正常的性爱生活，但很多人或许在妻子获得性高潮的体验之前就已经对性爱感到倦怠，夫妻交合只是一种惰性的义务，这样夫妻间可能终生只有那种没有高潮的性爱生活。

不少结婚数年的妻子对丈夫都有这样的不满："他也太自说自话了，想要的时候，根本不考虑我的感受，没有任何前戏一下子就进来了，完事后又立刻自顾自地睡了。"不论学历高低或收入多少，任何层次都有这种在性爱生活中十分自私且单调乏味的男人。事实上，性爱与一个人的学历和身份地位等没有任何关系，只有将这些外在的虚幻的东西彻底抛开，才能显露出这个人的真实自我。

有一类被人称作"午夜牛郎"的男人，他们是靠以高超的手段让女性在性爱中获得性高潮体验而谋生的。或许有人会觉得这种钱赚得轻松惬意，殊不知这是一种非常不易的营生。因为要想得心应手地做到这样，他们必须进行刻苦的训练、付出超常的努力才可以，这并不是读一所名牌大学或拥有一定的社会地位就能够习得的。

普通的恋人或夫妻要想达到真正的性高潮，也必须关系亲密，身心毫无保留地向对方敞开才能做到。这种亲密无间的关系旁人从其氛围上也能够感受得到。有些夫妇上了年纪后不再有性爱生活，但是他们过去曾经拥有美好的性爱生活，因而老后依然能够保持相爱相亲。即使是那些最终以分手而结束的男女，只要两人曾共同攀上过快感的巅峰，历经若干年后仍然可能是好朋友，因为他们曾相互毫无保留地向对方展示过最真正的自我，从而拥有一种相同的情感共鸣，它能够转化为类似同志般的友情。

总而言之，性爱在男女之间具有极其重要的意义，倘若没有美好的性爱关系，要维持良好的爱情可以说非常困难。

一如前文所述，女性在达到性高潮的过程中，精神因素起了很大的作用。但不少女性在潜意识中克制和压抑自己，从而使得自己无法达到性高潮。

这方面的原因是多种多样的，其中之一便是成熟的女性存在这样一种误解和不安，觉得自己若表现得过于陶醉、过于享受，有可能被看作佻薄淫荡的女人。换言之，她们认为男人一般都厌嫌在性爱中十分张扬外显的女人，而一旦被看作是这样的女人会令她们感到极其羞耻。这种误解、担心以及由此产生的怯畏，使得她们在性爱中竭力克制和压抑自己。

然而从男人的立场上看，这纯粹是杞人忧天。女性若能达到忘我的极乐境界，男人欢喜还来不及，根本谈不上什么厌嫌。因为女性达到性高潮的同时，男人也能获得无与伦比的快感。因此，那些性感受丰富、容易达到高潮的女性，是男人求之不舍的理想目标，一旦邂逅这样的女性是不肯轻易放手的。

很多时候，人们会感到迷惑不解：这么出色的男人怎么会和这个面目丑陋的女人生活在一起？为什么如此富有才识的男人会选择这个毫无教养的女人？其实这便是性爱的纽带使得男人无法离开她。

就普通的男女来说，两人之间的性爱行为对男人而言不仅仅是获得快感，同时也是精神和生理上的沉重负担，需要男人为此付出巨大努力，特别是每次都要让对方感到满足绝非易事。男人之所以勇敢地克服这些负担，同女性进行肉体的交合，毫不夸张地说，绝不单单是为了射精那一瞬间的快感，如果仅仅是为了这个，男人完全可以通过自慰或花钱找个风俗女子，同样能够达到目的。然而男人没有这样做，而是同自己心爱的女性进行交合，从某种意义上说，是男人希望能让自己的女人享受到真正的性爱高潮。因而那些对此有所回馈的女性，即那些容易达到高潮的女性，对男人来说就像一件宝物，会令男人爱得越来越深，爱得越来越强烈。

相反，那些没有任何回馈的女性，男人会觉得她们毫无感觉，说得难听些，仅仅是横下身子躺在床上而已，无论她们多么美貌或多么富有才识教养，在性爱过程中反应迟缓甚至毫无反应，男人对其也会觉得索然无味，顿时兴致全无，并且不愿意再在她身上下功夫努力了。

就女性整体而言，总的来说，越是才识出众、富有教养的女性自我压抑的情况也越严重，她们大多不易达到性高潮。当然这也不能一概而论，不过这种倾向确实是存在的，或许是这类女性还缺少抛开种种外在的虚幻的面具，将自己毫无保留地袒露在对方面前的勇气，也就是说她们在性爱中无法做到“奋不顾身”。一方面，这类女性自我保护的本能特别强大，另一方面，拥有足够冲破其自我封闭外壳的强健力量，给她们带来信赖感的真正男子汉也越来越少，这或许是这类女性双重的不幸吧。

在男人看来，女性的身体尤其是其性高潮时的反应实在令他们称奇，也让人叹为观止。登上快乐巅峰的女性竟然忘我般地陶醉，这本身已令男人觉得不可思议，而性高潮之后的女性会变得更加美丽动人，更加柔情蜜蜜。就这一点而言，性高潮的享用似乎是女性独有的特权。

生活中不乏这样的情况，男女之间摩擦不断，或虽已进入性爱阶段但是关系却一直处于不即不离的状态，此时一旦共臻性高潮，两人的关系便会发生戏剧性的变化，女性的神情和举止会即刻变得温柔起来，开始毫无保留地向对方表达自己的爱意，甚至为了对方甘愿自我献身。而且，女性感受了性高潮后，自信心会日益增强，不仅对对方温柔体贴，与周围的人打交道时也更加得体，从容不迫。

每当看到女性的这些变化时，笔者便情不自禁地为女性的性爱之深奥和神秘而感动。相比之下，男人的性爱实在是再简单不过的事情了。

· 第九章 ·

“种”的衍续

有一件事情是女性百思不得其解的，那就是当孩子出生后，丈夫在妻子怀孕期间所表现出的对她的体贴关爱便迅速消失了。

很多男人婚后都希望拥有自己的后代，这种愿望远比女性所想象的更加强烈。

对男人而言，所谓婚姻，除了意味着要和自己心爱的女人在同一屋檐下生活之外，还包含着另一个愿望，即让她替自己生育下一代，也就是传宗接代，将自己的种子衍续下去，而这也是男人下决心结婚的一个重要原因。

当然也有不少夫妇，一开始男人就不想生育孩子，而女性对此也意见一致。不过，这只是极个别的例子，绝大多数男人都对结婚充满梦想，认为结婚就是两人组成一个家庭，然后生儿育女。因此，男人一般都不会同讨厌生育孩子的女性结婚成家。

在旧时的武士社会，若一个家庭没有人继任家长，家业、血统便无以为继。因此，无论如何都必须保证后代的繁衍，如果妻子不能生育，有时候就会被丈夫休回娘家。

时至今日，这样的时代已经一去不再了，但就渴望拥有后代的强烈程度而言，现在的男人丝毫不逊于江户时代[1]的先祖。

为什么男人如此渴望拥有自己的后代？剖析其中原因，我们会发现，关键是男人有一种希望自己永世存续下去的愿望。

显然，将自己有生之年缔造的事业或创造的财富流传后世，这是证明自身存在的最好佐证，但遗憾的是能够实现这个愿望的只是极少数人，绝大多数人随着肉身的死亡，他们生存于这个世界上的踪迹立时便消失得片鳞不存。这种情况下若能有自己的孩子，并且这个孩子也能拥有他自己的后代的话，哪怕只局限于一个很小的范围内，自己生存的印迹也能永远保留下去，没有比这更确凿有力的证据了。

人生有限，无论是家财万贯的富豪金主，还是位高权重的当权者，死亡对于每一个人而言是公平无私的，任何人都难逃死神的造访，最终悄然离开这个世界。每个人都深知这一点，因而人们总是有意无意地希冀将承继了自己血脉的种子留诸世上。

从生物学的角度来考察，将自身的遗传因子衍续下去乃所有动物的本能，人类自然也不例外。不过人类毕竟不同于其他动物，人类能够能动地自觉意识到自身的死亡，并设法赋予其意义，故此，除了本能之外还有一些其他因素在起作用，因而也表现得更为复杂一些。不过，在渴望传宗接代、衍续种子这一点上却是基本相同的。

1　江户时代：又称德川时代，日本近代历史时代之一，自1603年德川家康任征夷大将军始，至1867年大政奉还止，因日本政治中心设于江户（即今东京）而得名。

当然女性也同样面对着死亡，因此按理说她们也会希望将自己的种子衍续下去。但经过仔细观察，我们却发现在这一点上男女之间存在着细微的差异，而进一步探寻产生这种差异的根源便会发现，其根源就在于男女双方的性差异。

对于两性关系，男人时常被一种虚幻无常的感觉萦绕，就像泡沫一样。即便是同自己心爱的女人交合，完成射精的一瞬间，男人立即会从性快感中清醒过来，性爱过程便告结束。

与之相反，性成熟的女性在性爱行为结束后，依然会长时间地徜徉在性的愉悦之中，并且性爱还会导致其以后的怀孕、分娩，等等，还有无限的未来在等待她。换句话说，女性的性爱并不因交合行为本身的结束而终结，它还蕴含着受孕、历经漫长的妊娠最后分娩生育以及抚养教育孩子等一系列的可能性。

可以想象，造物主或许正是因为洞察到了未来这些无限的可能性，所以才赋予女性与男人不同的性感受能力。倘若女性也和男人一样，交合之后立即变得若无其事般，恐怕就难以承受起日后漫长的妊娠期间以及分娩过程中将会遇到的痛苦。

可以说，女性无时无刻不具有通过性爱而在自己体内孕育一个新的生命的可能性，因此无论她本人是否意识到，女性的每一次性爱行为都是一个走向创造新生命的过程。

而男人的性爱行为则非常短暂有限，在完成射精的一瞬间也同时宣告结束。在这个过程中，男人的行为有时候粗暴得让人有一种强暴的感觉，但是一旦结束，立即会变得疲弱不堪。换句话说，伴随着极为强烈的快感，男人释放出自身的激情，留下的便只有让人联想到死亡的幻灭感或终焉感。正因为这种感觉十分强烈，所以男人便强烈地渴望同自己生命相联系的遗传因子能够留传下去。可以说，男人这种渴望种子衍续的愿望，与其性爱行为的幻灭感是互为表里，互相印证的。

因此，女性通常也会有“为自己爱的人生一个孩子”这种极其自然的想法，但女性的这一愿望更多的是显露出其母亲愿望。与此相比，男人的愿望则更侧重于留下自己的基因或种子。

进一步分析的话，我们还可以发现，女性往往希望生下与爱人相像的孩子，而男人则渴望生下与自己相像的孩子。同样是希望有个孩子，但是男女之间显然存在着微妙的差别。

如上所述，男人一般将结婚视同于生孩子，因此在决定结婚时，这一点也起了相当大的作用。

在选择结婚对象时，男人优先考虑的是适合为自己生育孩子，并且能够认真抚育孩子的女性。所以不管对方如何美艳动人、性感十足，如果她将玩乐看得比抚育孩子还重要，或者只顾工作不管家庭，或者头脑笨拙，则男人是不会考虑与之结婚的。人们喜欢说：“傻女招人爱”，其实只有傻男才这么认为，一般男人还是喜欢聪明伶俐的女性。

所谓遗传，当然不仅仅指姿态容颜，还包括肠胃等五脏六腑以及大脑，因此渴望获得优良后代的男人出于遗传上的考虑，自然对将要成为自己妻子的女性从外在的容貌到内在的头脑等都非常重视。

经过一系列的筛选终于喜结良缘，当男人得知妻子有了身孕的时候，除了即将做父亲的忐忑不安，同时也会感到无比喜悦。细细分析一下这种喜悦之情，首先是男人证明了自己也能够让一名女性受孕的那种自豪，其次是自己即将成为人父的那份带些腼腆的欣喜。一句话，自己是个正常的男人，具有繁衍子孙的能力。通过这样的确认，男人从中获得了莫大的自信和安心感。

相反，如果男人得知自己没有能力让妻子受孕时，男人会觉得这是自己身为男人的一个巨大缺陷，甚至会因此产生自卑，严重的则可能导致精神扭曲、变态。

德川家的第五代将军德川纲吉就是一个典型的例子。他因为没有生育能力，心理产生畸变，估计这也是他后来制定出种种有悖人情的法令的一个原因吧[1]。

婚后不久丈夫得知妻子怀孕了，其后对妻子的身体便会无微不至地体贴关爱。妻子的腹部日复一日一点点鼓出来，身形变得毫无美感，可是做丈夫的全然不会感到不悦。非但如此，丈夫还会满怀喜悦地望着妻子的便便大腹，有时央求让他贴在妻子的腹部倾听胎

1　德川纲吉于1687年颁布《禁止虐待动物令》，其中对狗的爱护尤为异常，由此遭到当时及后世的谴责。

儿的动静，有时甚至会掰着手指计算孩子降临人世的日子。

对怀着自己孩子的妻子，丈夫毫不掩饰地流露出深深的敬意和爱意。

然而究其原因，与其说丈夫是因为觉得妊娠中的妻子很辛苦而如此关怀她，莫如说是因为他意识到妻子腹中怀的是自己的种子，是要担负起衍续自己生命的孩子，所以才对妻子母体无微不至地照顾。说到底，丈夫关心的不是妻子的身体，而是妻子腹中的孩子。当然丈夫不会将这种话说出来，但事实上的确是因为妊娠的妻子怀的是自己的孩子，所以对丈夫来说，这时候的妻子便显得更加可爱了。

临近分娩的时刻，男人和妻子一样心中充满了期望和不安，无法让自己平静下来。等得知妻子顺利诞下一个健康的婴儿时，男人们都会情不自禁快心遂意地振臂高呼：“太棒了！”

近年来，据说希望生女孩的母亲有所增加，但是就男人而言，绝大多数生男孩的喜悦要大于生女孩的喜悦，尤其第一胎更加希望生个男孩。这是因为男人繁衍后代的愿望本来就是基于渴望自身永世存续下去的本能，男孩的话会同自己更加接近，使男人更加有一种自己的血脉得以衍续下去的深切感受。

有一件事情是女性百思不得其解的，那就是当孩子出生后，丈夫在妻子怀孕期间所表现出的对她的体贴关爱便迅速消失了。对于圆满完成分娩生育这一艰巨任务的妻子，丈夫当然是万分感激的，但既然孩子已经平安出生，丈夫关心的重点便转移到今后如何保证孩子远离伤病，健康平安地成长上去了。

还有一点或许也是男人自私自利的表现：虽然每个丈夫都希望妻子应该尽善尽美地履行做母亲的责任，然而如果妻子因为全心全意抚育孩子而渐渐失去其作为女性的一面，做丈夫的却觉得难以容忍。

例如，妻子平日粉黛不施、蓬头垢面地替婴儿换尿布，或将奶头塞在婴儿嘴里便自顾自呼呼睡去，这种邋遢、“不检点”的情形看在丈夫眼里，很容易产生厌嫌的情绪，加上妻子因照顾婴儿而忽视了丈夫，丈夫会产生一种被妻子抛弃的凄凉感觉，这两方面的因素汇合起来形成了丈夫对妻子的不满。

如前文所述及的，男人性爱行为中不可或缺的勃起现象在很大程度上受到精神因素的影响，尤其是如果缺少了对对方的浪漫情感和憧憬，就很难正常勃起。因此，要让男人对整日在身边不修边幅、蓬头垢面照顾孩子的妻子产生性欲，实在是勉为其难了。

在这样的状态下，在将照顾孩子置于第一位，以致夫妻两人都渐渐淡忘了当初你侬我侬的时候，男人的目光就有可能转向家庭之外，一不小心便做出出轨的事情来。于是妻子无比愤慨：“看你平时那么喜欢孩子，谁知道却会做出这种事情，真叫人难以相信……”一场家庭战争往往就此爆发。

从妻子的角度看，当孩子尚未长大，极需大人全心全意照顾的时候简直就像是在进行一场战斗，又要妻子打扮得漂漂亮亮的，又要妻子像新婚宴尔时一样对丈夫百般体贴，实在是心有余而力不足。

事实上，要求妻子作为一个母亲全心全意地照顾孩子，同时又要求妻子作为一个女人保持其魅力，这种愿望完全是自相矛盾的，是男人相当自私的要求。正如“既要马儿不吃草，又要马儿跑得快”很难做到一样，要求女性同时满足这两方面的要求恐怕是不可能的。

尽管勉为其难，但仍然有些女性在一定程度上能够做到两者兼顾，而更多的女性也在为此而努力，当然也有少数女性完全难以胜任，甚至有人从一开始便认为事不可为而拒绝努力，这就完全取决于成为妻子的女性们各自的能力以及悟性了。

事实上，育儿确实是一项负担沉重的事业，而能够在很好胜任这一事业的同时，又不失女性独有魅力，付出了巨大努力的女性，男性对她们也会由衷地表示敬意和感激。因此，如何摸索和找寻一个适宜的平衡点，一定程度上也在检验着女性设身处地为他人着想的内在素养。

有一个问题特别希望即将生儿育女的女性们认真考虑一下，这便是产妇分娩时丈夫在场这种做法的是与非、优与劣。

近年来，“拉马兹分娩法”采用得非常普遍，随之有增无减的则是越来越多的丈夫开始守候在妻子的产床前。

这种分娩方法是由法国妇产科医生拉马兹于1950年首创的一种无痛分娩法，它运用了心理学上的暗示法，通过丈夫在一旁给妻子以精神上的鼓励，使得妻子安心感增强，从而达到让产妇几乎毫无痛苦地分娩的目的。在推广普及这种先进的分娩法的过程中，有些男人本来不愿意进入产房，但迫于妻子的坚持，最终还是硬着头皮走入产房。

产房对男人来说是一块不容亵渎的圣域，故此男人大多情愿退避三舍，在产房外静候佳音。然而面对妻子的要求丈夫又不能不遵从，于是不少丈夫虽然不想闯入圣域，却又说不出口，只得照妻子的吩咐去做。

不过坦率地讲，笔者是坚决不赞成分娩时让丈夫在场这一做法的。

理由有千条万条，其中最重要的一条就是，这种做法有可能将迄今为止丈夫对妻子抱有的性幻想彻底摧毁。

男人自性意识觉醒的青春期开始，便对女性的性器官怀有一种罗曼蒂克的憧憬。对男人来说，女性的性器官既是容纳男人的性器官、给自己带来快乐的场所，同时又是一个永远掩藏着神秘之谜的花园，是男人的精神绿洲。

可是一旦守候在产床旁，目睹妻子的分娩场面，那么从前男人对女性性器官所怀有的种种罗曼蒂克的感情会被彻底颠覆、一一幻灭。不仅如此，还会有一种丑陋而怪异的感觉萦绕于脑海中，久久难以散去，这会对今后两人的性爱关系带来极大的影响。

人类的分娩过程和其他动物的分娩过程没什么两样：痛苦得直打滚，大声呻吟着，从两腿之间产下血淋淋的后代。恕笔者不客气地直言，这个场面没有丝毫的美感。面对这种与兽类无甚差别的行为，能够握着妻子的手而无动于衷地全程注视的，只能是那些神经毫无感觉的男人，任何多少有点感觉的男人，都会受到强烈的打击，不忍目睹。

在男人看来，年轻时曾经那么富有吸引力和神秘感的女性性器官，突然间在自己眼前怪诞地张开，伴随着一阵阵呻吟声从中挤压出一团血肉模糊的东西。一旦目睹了这样的场面，男人对妻子那份罗曼蒂克的情感立即灰飞烟灭，取而代之的是一种抵触感，丈夫再也不愿探入这样丑陋而可怕的地方了。

根据笔者以前当医生时数次亲临而形成的经验，妻子分娩时丈夫在场虽然当时能增进夫妇间的感情，但从女性的神秘之窗毫无保留地被打开这一点上说，却是非常不妥的，因为从此之后，无论妻子怎样千娇百媚地展现其作为一个女性的魅力，也很难使丈夫再像以前那样血脉贲张、欲情难抑了。

当然，妻子们希望通过让丈夫走进产房这种形式使其充分体会到分娩是一件如何了不起的伟业这种想法，是可以理解的。

然而丈夫守在一旁握住妻子的手，虽然能够减轻妻子的部分痛苦，但得到的只是一种短暂的安全感。而如果因此便置丈夫敏锐的感觉于不顾，结果却是破坏了丈夫对妻子所抱有的美好幻想，从而使今后的夫妻关系罩上了一层微妙的阴影。

很多女性似乎对此持乐观的态度，认为“没关系”，但男人往往不愿把在这种场合所受到的精神创伤一五一十地告诉妻子，但是以后他的内心却很难再对妻子激发起性的兴趣，男人们会将此作为一种不能公开的禁忌一直藏在内心深处，这样势必引发后遗症，很有可能使丈夫做出出轨的事情来。

自“拉马兹分娩法”发明之后，其优点广受赞誉，很多女性对此颇感兴趣。当然，正因为它具有显著的优点，所以才如此普及，但不可否认的是，它确实还有着引发上述种种问题的可能性。

无论夫妇之间关系如何亲密，相互间还是有必要保留一扇神秘的窗户，倘若双方毫无隐秘，成天赤裸裸相对，那么就有可能互相感觉厌倦，原先良好的夫妻关系也会由此陷入倦怠。

夫妇关系不是只维持一年两年的关系，双方既然要共同生活几十年，度过大半个人生，其间要想保持一份经久不衰的紧张感和神秘感，那么相互间最好不要一览无余，还是保留一点未知的魅力为好。

·第十章·

花心与真情

再一本正经的男人，也可能成为花心男人的预备役。

男人移情别恋似乎是理所当然的，东西古今概莫能外。虽然近来女性在这方面也不甘落后，女性花心的事情时有耳闻，但从数量上看，仍是男人占了绝对多数。

这种倾向在自然界也可以看到。大部分动物都天然地具有这样的习性，即一只雄性动物与多只雌性动物匹配，繁衍后代，以期播布更多自己的遗传因子。结果为了争夺雌性动物，雄性动物之间经常展开生死搏斗。而在有些动物群中，强悍的雄性甚至将群体中所有的雌性动物统统占为己有，形成一种特殊的哺乳动物繁殖群体形态，例如生活在南极的海豹便是如此。

在此笔者想起一件事。笔者常去的一家小饭店的女主人曾告诉笔者：她的小店周围因食源丰富，老是有不少野猫聚集于此，一到发情期，雄猫数量急剧增长，为争夺雌猫，每晚它们都发出奇怪的叫声，吵得人心烦，可一旦雌猫怀孕并生出小猫后，那么多的雄猫便一下子消失得无影无踪了。“雄性这东西，就是这么回事。”女主人苦笑着说道，或许此时她联想到人类的所作所为。

从中我们可以清楚地知道，雄性到处播布自己的种子，雌性则负责孕育下一代，这是自然界的法则，造物主的天命。人类也是自然界中的一员，所以就其本质来说，也逃不脱动物的行为法则。换句话说，男人移情别恋或曰“花心”，在某种意义上乃其雄性本能使然的一种必然行为。

然而与动物世界相比，人类社会毕竟高度发达且具有自主意识，所以人类不可能为本能所驱使而随心所欲地到处与女性发生关系。

如今，包括日本在内的大部分发达国家，几乎都奉行一夫一妻制，任何与之相悖、试图动摇这一基本制度的行为都会被视为违反道德规范以及反社会的行为，从而受到谴责，甚至受到制裁。在家庭内，由于此类行为而造成的夫妻间的摩擦，不仅给当事者本人带来精神上的负担，而且会令双方都身心俱疲。

尽管如此，不存花心，从未动过猎艳念头的男人可谓少之又少。不管实际上有没有做，只要是男人，至少都会希望去尝试一下。从这个意义上说，再一本正经的男人，也可能成为花心男人的预备役。

关于一夫一妻制问题理应从本质上来加以探讨，但如果切入太深，反而有可能视点模糊，迷失了在此所要探讨的主题。因此，我们姑且只围绕为什么男人会对日常的婚姻生活感到平淡无味来展开分析。

一般而言，在男女双方通过婚姻这种形式结合在一起的情况下，婚后三四年是一道坎，相互间容易出现倦怠感。

在此期间，夫妻双方逐渐对对方有了更加全面而深刻的了解，生活也总算安定下来，于是婚姻生活成了日复一日的单调重复，双方相互间的紧张感和刺激感也随之逐渐消失。简单来说，这段时期就是男女双方互有一定程度的了解，不再感到新鲜和刺激的时期了。加之这时妻子开始进入生儿育女的阶段，全部精力几乎都投入到养育孩子中，对丈夫的体贴关心自然大为减少，而且对自己的形象也无暇顾及，不太注重衣着妆容。久而久之，男人自然就会对这种日子产生厌嫌。

恋爱中的男女，双方都会尽量将自己美好的一面展现给对方，而一旦结婚，开始了共同生活，便渐渐不介意自己在对方心目中的形象。因为婚后就开始过起正常普通的日子来了，这种生活本来就是由日常琐事串联起来的，根本无须再充满紧张感或竭力表现自我，于是，妻子会毫不在乎丈夫看见自己睡眼惺忪没有化过妆的脸，丈夫也会展露出恋爱期间从未示人的邋遢随意的一面。双方越是相互将真实的自我展现出来，彼此间就越容易失去神秘感，尽管这样，双方也因此而得以相互毫无戒备地轻松相处，从中获得一份家庭的安全感。在外面工作一天，时刻得注意自己的形象，处于各种各样的压力之中，势必精神疲惫，所以回到家中，就希望能够尽情放松自己——这便是男人的最大愿望。

如果说恋爱是一种非日常性的东西，那么婚姻生活就是极其平淡、极其琐碎的日常性的东西，它会让彼此将真实的自我彻底暴露出来。于是必然地，倦怠的阴影便会悄悄笼罩上来。事实上，舒适安心感与倦怠厌嫌感可以说是一枚硬币的正反两面，人们在获得舒适和安心感的同时，不得不付出一定的代价，舍弃掉激情、浪漫，等等，并容忍倦怠、厌嫌的情绪闯入家庭。

在日复一日的日常生活中，有些人发现了恋爱中未能觉察到的对方的某些性格和癖好，于是心生悔憾："没想到他（她）是这样的人！""如果当初知道的话，就不会跟他（她）结婚了！"即使不到重新考虑两人婚姻关系的地步，但恋爱期间往往是"情人眼里出西施"，对方的一言一行都会觉得非常可爱、充满魅力，而在共同的生活当中，同样的言行却可能会招致不满，这种情况在不少夫妻身上都不鲜见。

以前听一位出版社编辑讲过这样一件事。这位编辑四十来岁，结婚已有十多年。他很早以前就注意到妻子挤牙膏时全无定规，有时从牙膏尾部挤起，有时从中间挤起，弄得牙膏管到处窝窝瘪瘪的。他是个做事一板一眼的人，每次挤牙膏必定从牙膏尾部挤，否则就会觉得不自在。有一天早上他终于忍不住了，冲着妻子嚷道："挤牙膏要从尾部开始挤！告诉你，我讨厌你这种做事眉毛胡子一把抓的坏毛病！"话一出口，妻子立即也跳了起来："那好，我也来说说你身上的坏毛病！"她一口气列举了丈夫很多不是。结果，两人大吵一通。

说实话，听到这个故事时我觉得这件事情很有意思。夫妻生活确实如此，双方常常会因为一些鸡毛蒜皮、无伤大雅的琐事争执不休，但结果往往是双方互相妥协让步，照样过日子。表面上看起来，这些争吵实在无聊，但这正是中年夫妻婚姻生活的真实展现，夫妻就是在这样的争吵中逐渐适应，逐渐走过来的。

上面这个小故事清楚地反映了男女之间的关系随着岁月流逝会发生微妙的变化。假设这位丈夫还处在年轻热恋的时候，很可能觉得对方留在牙膏上的压痕很惹人爱，然而在日复一日的平淡生活中，爱情会逐渐淡薄，同样的事情在丈夫眼中就成了邋里邋遢的坏毛病。妻子在热恋时或许也十分欣赏对方做事一板一眼的性格，可如今却会对此心生怨气：一个大男人居然如此在意挤牙膏这类鸡毛蒜皮的事情，真是神经质，作为男人就应该粗犷洒脱些嘛……

同样一件事情，在恋爱时怎么看怎么觉得可爱，而到了日常生活里却变得让人讨厌了，这是现实生活中极为常见的事例，这种情况可以说正是夫妻之间倦怠情绪开始冒头的一种表现。

前面曾论及，男人在同某个女性交往的过程中，虽然逐渐适应两个人的性爱关系，但是却不会因此使性快感有所增强，或使性感受更为发达成熟。同样在与不同的女性发生性爱关系时，虽可感受到新奇和变化，但性快感依然不可能随着交合次数的增多而有所加深，只是在对方对自己的行为做出相应的回应中感受到满足。

与此相反，女性则一般是在与某个特定男人建立起固定性爱关系的过程中，性感受逐步被唤醒并趋向成熟。因此，女性并不会因为与同一个男人的性爱关系而产生厌倦，而是在重复不断的过程中使自己的性感受日渐丰富、敏锐，并且对对方的感情越来越牵缠、执着。在性感受的发育成熟过程中，男女之间存在着相当大的差异。

除此以外，男人的欲情表面看起来似乎偏重于肉体，其实它是非常侧重于精神性的。男人对此感到激动、好奇以及随之而产生的紧张感，推动着其性欲更加高涨，更加炽烈，对于性爱行为中不可或缺的勃起来说，这种精神上的亢奋无疑是刺激并维持勃起的导火索和助燃剂。因而完全可以断言，如果缺乏了精神性，性爱行为是不可能成立的。同女性相比，男人的性欲中非但不缺少精神性，甚至其精神性的负担更加沉重。

如果双方是初尝云雨的男女，或是背着人偷尝禁果，又或是觉得有种两人相逢不易时不再来的紧迫感，这种时候，紧张和精神上的亢奋将更加高昂。因此当丈夫被妻子以外的女性所吸引时，不一定意味着这名女性比妻子更加出色，因为即使这样已足以令男人从她身上发现新鲜感了。当然，倘若这名女性比自己的妻子更加出色，就更令丈夫陷入其中无法自拔了。

妻子撞破丈夫的外遇对象时，往往觉得自尊心大受打击："那个女人好在哪里？！"实际上这话问得有点离题。或许听起来有点像诡辩，事实上丈夫的心飘向别处并不是因为别的女性比妻子更好，而是因为在妻子身上已经无法产生紧张和亢奋，别的女性却能够重新将它激起。

许多人对那些不安分守己的男人感到不可理解："家里有那么贤惠的妻子却还……"但妻子再贤惠，一旦男人对其感到厌倦，他的目光自然而然便会转向别的目标。所谓"喜新厌旧""弃旧怜新"，等等，生活中有不少形容旧妻遭到丈夫鄙弃的成语，多多少少也反映了男人的此种心理。

在平淡而单调的夫妻生活中，当男人对妻子产生倦怠时，如果外面有其他女性令他心动，并且有机会亲近的话，他一定会二话不说立即奔向她。大部分男人就是这样，只要有机会都想尝试一下婚外艳遇。大致来说，约有七八成的男人是不会放过这种机会的，只有一成的男人同妻子关系融洽，无意花心，另有一成男人则是没有这种勇气，或者是本身那方面就有点不太正常。

在男人中间，很少人会有“花心不可取”的想法，相反，如果听说哪个朋友有这样的艳遇，往往既羡慕又嫉妒，几乎没有一个男人会因为自己没做过这样的事情而骄傲。

归根结底，作为雄性动物，男人虽不至于将婚外艳遇作为生存的目标，但一定会对此向往憧憬，暗暗期待着有朝一日能够一圆此梦。

近年来，女性期待着在婚姻生活之外邂逅一段恋情，同丈夫以外的男人交往的事例也有所增多，不过从数据上来看，显然是男人花心的例子更多。

年轻的时候，妻子尽心尽力支持丈夫，可挨到丈夫成功、经济上也变得宽裕后，丈夫们便开始跑到外面去偷腥拈香，这种情况确实不少。发生这样的事情，妻子们一定会对丈夫的背叛行为火冒三丈，痛责一顿：“日子艰难的时候，我们都一块儿撑下来了……”这些与丈夫共同度过艰难日子的妻子称得上是“糟糠之妻”，正如人们常用“柴米油盐酱醋茶”来形容她们每天的生活内容一样，她们长时期以来琐琐碎碎，一心操持家务，支持丈夫在外干事业，对丈夫来说，她们是最可信赖的，最能够令其安心的存在，甚至可以看作是像母亲一样的存在。

可是如果将这种关系换回到男女关系，男人是否从她身上感受到了作为一个妻子、一个女人的魅力呢？显然问题便产生了。

坦率地讲，让男人对一个成天围着灶台转、泡在油盐酱醋中的女人产生性冲动，恐怕是强人所难，凡事业上取得一定成功、地位和财富都落入手中、自信满满的男人，十有八九会将目光转向他人。当然，他们对于和自己一起奋斗、无私付出的妻子会感到内疚，可一旦进入职场，全身心投入到工作中的时候，他们又难以抑制指向其他女性的强烈冲动。因此，这种时候正是男人容易出问题的时候。

但尽管如此，大多数男人不会抛弃妻子和其他女人结婚。归根结底，这是因为对男人来说，家庭是他长时期来熟悉的、亲切的、疗愈精神创伤的场所。作为社会的一员，男人无论多么努力，有时候仍难免会遭遇挫折和失败。这种时候，男人就会从家庭中寻求慰藉、疗愈其创伤。在这一点上，妻子能够给予丈夫母亲般的抚慰，而年轻的情人却往往无法做到。

就“糟糠之妻”们而言，丈夫在事业上取得成功一般已是四十开外五十上下的年纪，而此时妻子也不再年轻，因此丈夫会有一种优越感，觉得即使妻子知道自己在外面胡来，她也不敢轻易提出离婚。现实生活中，仅仅由于丈夫出轨胡搞而提出离婚的妻子确实寥寥无几，这主要是因为妻子心里也有一把小算盘，很难下决心抛弃目前较稳定的经济地位。从这个意义上说，夫妻两人在花心的问题上属于一种“共同犯罪”。

经过不懈努力终于获得成功的男人，将婚外艳遇视为其人生中的一个胜利标志，然而当他失败时，则又会重新投向妻子的怀抱。或许许多女性会认为男人好事占尽，太自私了，可事实上很多男人的真实愿望确实是如此，他们有了妻子还想拥有情人。

男人的花心可以说与其本性即作为一个雄性动物的根本性质有着密不可分的关联，就是说男人与女性在生理构造上存在着根本的区别。无须赘叙，男人的性行为开始于阴茎勃起，结束于射精。而男女在性爱行为中男人释出、女性受容这一根本差异具有极其重要的含义，由此造成了男女之间对于性爱行为的感受完全不一样：男人向外释出、播布的感觉相对来说比较轻巧和随意，女性将其受容，有时甚至还伴随着受孕的恐惧的感觉，显然就要沉重得多。

男人可以不择对象随性释出，而女性首先必须做好充分的心理和精神准备去受容它。同样是性爱行为，其中却反映出男人的轻率态度和女性的慎重态度。这种差异带来的结果也是显而易见的，男人花心、在外拈花惹草的冲动，正是其轻率的态度使然，这种轻巧和随意作为日常性的东西，即使男人没有做出出轨的事情，但内心也一定多次有过花心的念头。

例如，企业里的男上司请女下属共进晚餐，商谈工作上的各种事情，女性往往单纯地将此理解为上司平易近人，其实男上司恐怕

"醉翁之意不在酒"，虽然心里很清楚他必须控制自己，不能同对方陷入更深的关系，但这并不妨碍他内心想象一番与女下属交臂叠股的情景，即在精神上他仍然出轨了。这种例子不在少数。

很多事实上做出出轨之举的丈夫都对妻子怀有一种愧疚心理，但明知这样不好，他们还是难以控制自己。

当然，大部分男人基本上都不愿意与妻子分手，所以为了不让妻子知道，他们无时无刻不提心吊胆，有时候回到家中会对妻子显得异常亲切温柔，假如妻子起疑心，他们则死撑到底，坚决不认账。丈夫这么做是为了维持这个家庭，倘若最终自己的行径还是败露的话，多数男人仍会出于家庭的考虑，跪倒在地向妻子低头认错，恳求妻子原谅。

但做妻子的却不能因此而心安理得，不思自省。

虽然男人的本性就是弃旧怜新，常常因为内心冲动，寻求一时的刺激而出轨，但客观来讲其夫妻关系肯定是平淡无味的，而身为妻子不经意间表现出来的惰怠、邋遢懒散、蛮横等也是潜在的诱因。对此如果妻子不加自省，而只是一味地责怪丈夫，反而有可能使丈夫横下一条心，转而追求其他女性。

男人花心可以说是本性，不值得大惊小怪。然而妻子如果处理不当，却会使男人的一时花心变成真心，义无反顾地踏上抛弃妻子、抛弃家庭这条路。

总之，对于男人的花心，妻子们应"既来之，则安之"，无须大吵大闹，当然也绝不能够轻视，务必掌握分寸，这种尺度拿捏或许是非常不容易把握的。

至此，想必读者已经对大多数男人有过出轨行为或至少有过花心的念头有所了解了吧。如此说来，是不是男女之间只要存在着婚姻关系，丈夫就不可避免地会花心会出轨?

答案既是肯定的，又是否定的。

说肯定，是因为从目前的婚姻形态来看，要彻底根除丈夫的花心确实是不可能的，但如果婚姻形态发生某种变化的话，这种现象又可以大幅度减少，因此从这层意义上来说答案是否定的。

在此，值得人们借来参考的是船员夫妻之间的婚姻形态。从事远洋捕鱼作业船员的夫妻关系被公认是最和睦的，这主要是由于一年中有很长时间夫妻不能相见共同生活。与单身赴外地工作的丈夫有所不同，船员一旦登船出海作业，周围只有男人，根本没有接触其他女性的机会，在港口停泊时，为满足一时的性欲，船员可能会上岸寻花问柳，但在同一个地方至多只停留一两天，因此不可能同某一女性的关系发展到很深的地步。如此天各一方、鸳散鸯离，丈夫对妻子的欲情会变得十分强烈，因此夫妇之间的感情往往好于普通的夫妇。自然，并不是所有的船员夫妻都如此。总而言之，夫妻之间保持一定的距离感、紧张感，有利于彼此保留一份新鲜感，双方互需互求，这样或许可以减少男人的花心。

不知是幸运还是不幸，近年来随着女性参与各种社会事务的程度越来越高，不仅有许多情侣不得不饱受远距离恋爱之苦，两地分居的夫妻也数量大增。由于平日双方不在一起，一旦相聚便倍觉珍惜，情浓意浓，较之天天生活在一起的夫妇，这类夫妇相互间充满了新鲜感，更容易保持良好的关系。

反之可以说，婚姻生活越是安定，丈夫花心的危险性就越大，对此妻子绝不能以为结了婚便可高枕无忧。

当然仍有为数不少的夫妻结婚后关系一直非常稳定，彼此相亲相爱。个中原因，或是夫妻双方非常合得来，或是因为丈夫根本就没有这种勇气。后一种情况另当别论，现实生活中仅凭一次婚姻便遇上情投意合的伴侣的情形实在不多，更多的是恋爱时只看到对方吸引自己的一面，花好桃好，等到双方在一起生活了一段时间，才逐渐意识到双方其实并不合拍。

为避免出现失误，目前法国和荷兰等国流行一种试婚的做法，即结婚之前男女双方先共同生活一段时间，如果双方感觉真正合得来才履行法定的结婚仪式。从某种意义上说，这或许不失为一种明智的做法。日本古时候也曾有过一种称为“足入婚”[1]的婚姻形式，它与前述的试婚也有相近之处。

即使像这种婚前同居其结局也有可能是双方一拍两散，因此仅凭一次婚姻便决定一个人的终身的想法本身就是错误的。如果夫妻双方无论如何都合不来的话，继续维持这段婚姻只会对彼此都造

1　足入婚：日本古代一种婚姻形式。婚礼后的一段期间内夫妻共同生活在女方家中，之后双方搬至男方家中单独立户。

成更大的伤害，在这种情况下，解除婚姻各奔前程也是顺理成章的选择。

日本人离婚虽然在法律上没有多大障碍，但是同欧美国家相比，整个的社会氛围似乎仍将离婚视为一件坏事，因此在现实中离婚依然是令人望而却步的事情。

年轻夫妇或许不当回事，但夫妇到了三四十岁的年纪再要想离婚，就可能会考虑到抚养孩子的问题而打消离婚念头，或者因为所在企业较保守而担心离婚造成负面印象，影响自己的前途，这些无形的压力更增加了离婚的难度。于是便出现了夫妇关系不和睦，甚至互相厌嫌，但表面上仍维持着一个徒有其名的家庭，这种情况势必令丈夫觉得家庭对其毫无吸引力，于是便到外面去寻找情投意合的其他女性。

这种离婚难的社会氛围使得日本的夫妻关系尤为扭曲，问题也更加复杂。

假设妻子觉察到丈夫与其他女性有染，那么如何判断丈夫是动了真情还是逢场作戏呢？这对于心里感到极度不安的妻子来说，是最重要的问题。如前文所述，花心是真情的预备役，绝不可小题大做，弄巧成拙，本来男人只是出于轻率偶一为之，可如果妻子抓住不放，死缠烂打的话，很可能事与愿违，反而使得夫妻关系越加恶化。

恰如其分地处理好这个问题绝非易事。很多情况下，如果妻子能够适度宽容，则丈夫即使一时在外面偷点腥，但最终还是会回到妻子的身边。反之，如果妻子歇斯底里地一味痛骂丈夫，反而有可能将丈夫推向其他女性的怀抱。这其中，可以说是丈夫对于妻子的愧疚感和妻子对丈夫的宽容之间在较量，多数场合，后者可以战胜前者，宽容具有出人意料的神奇力量。当然这并不是说宽容就一定战无不胜。关键是，针对丈夫与对方关系的性质，妻子应该进行相应的策略调整。

那么，如何区分丈夫的出轨行为究竟是一时的逢场作戏还是真情投入呢?

前面已经触及这个问题，即男人总是不断地想从男女关系中寻求新鲜感、渴望与不同的女性进行肉体交合。因而即使丈夫与某个女性有暧昧关系，也不能就此断定丈夫是真情投入，因为男人原本就是一种即使没有爱情也可以与对方交合的动物，只要没有爱情，这种关系迟早会逐渐退潮并最终断绝。

男人的性源自其动物的狩猎本能。在极端的情况下，有时候男人与某个女性交合之后，便立即兴味索然，一雷二闪，很快将目标转向下一个猎物。只要有机会，男人总是喜新厌旧的，至少他们内心这样期望着。

了解了男人的性欲本质再回头来看，倘若丈夫同妻子以外的某个女性滋生了爱意，并且有了肉体的交合，如果这种关系持续数年，事态就变得相当严重了。虽然很难用具体数字来表明究竟持续多少年后才会发生大问题，但概而言之，若持续时间超过两三年，基本可以断定男人已经对对方动了真情了；如果持续时间超过四五年，则虽然在性爱方面可能已经对对方产生一些倦怠，但只有感情极深才可能持续如此长的时间，因而绝对可以说已经是“重症”了。

情况最严重的是对方比丈夫还年长若干。如果对方年轻貌美，男人往往是被其肉体所吸引，一开始两人可能激情似火，但大多关系很难维持长远。例如女性二十刚出头的情况下，她们自身也常常是出于逢场作戏的目的，不愿承担为人妻子和接受一个有妻子的男人所承受的巨大压力，到了一定的程度她们自会急流勇退。而当对方已是三十岁上下的年龄，不少人就会情不自禁地陷入更深的关系。因为男女之间的关系不仅仅限于外貌或肉体，说到底还是精神上的结合及由此带来的安心感和信赖感，而这个年龄段的女性，无论在肉体上还是在精神上，对男人都具有致命的魅力。

无论哪一种情况，男人在外面花心甚至动起真情来，往往是因为有许多东西他们在家里从妻子身上得不到满足，因此他们试图从其他女性身上寻求的东西，或者是妻子身上不具备的，或者是与妻子恰好相反的品质。例如，如果妻子是一位极有教养、知书达礼的女性，那么丈夫有可能对虽不大聪明却性格柔顺，很有居家氛围的女性产生兴趣；反之，如果妻子只擅长家务，则丈夫有可能会对有事业心、爽利精干、女强人类型的女性产生憧憬。这可以说确实是男人任性的地方，不过追求现实生活中自己不拥有的东西，这也是人的质朴愿望。

我们已经反反复复论述了男人本质上就是具有花心的动物，但如果男人不止花心，而且与其他女性陷得很深，对对方动了真情，这种时候，就不能说妻子身上一点责任也没有。

虽说男人天性花心，但是并不是每个有贼心的男人都能偷腥成功，遇到合适的女性。理所当然地，对方女性也有选择的权利，无论男人愿望多么强烈，如果对方不答应，他就只能无果而终，不会演变至出轨。换句话说，男人若想和妻子之外的女性勾搭上，也是要付出相当大的努力的。这里所说的努力，包括诚意、体力和经济实力等。有家庭，却又挟此三项条件朝别的女性发起攻势，这是需要相当大的能动力的，如果只是一次两次的关系自当别论，倘若要把这种关系深入下去、长期维持下去，此事就不那么简单了。很多男人会觉得，与其这样费神费力，还不如陪着孩子一起玩耍或是独自去弹子房消遣哩。之所以克服如此巨大艰辛，同妻子之外的其他女性交往，背后的理由多是对妻子产生了倦怠，如果与妻子的关系鱼水相融，男人就绝对不会如此折腾找别的女性了。

因此对妻子来说，得知了丈夫在外面出轨，千万不要怒火直蹿，一味指责丈夫，也需要对自身存在的问题好好反思一下。

例如，平时对待丈夫的态度是否给他造成了伤害？假设一直晚回家的丈夫有一天突然提早回来，一进门便问：“有什么吃的吗？”由于丈夫总不在家吃晚饭，一般不事先关照的话妻子当然不会特意为其准备的。但假设发生这样突然的情况，你会如何回答他？

“冷不丁地说要吃饭叫我上哪儿弄出来？平时你一直不回家

里吃晚饭，所以根本没有准备。要是回家吃的话事先打个电话好不好？”丈夫本来工作一整天已经疲乏不堪，如果听到这样冷冰冰的回答，他会觉得自己成了不受欢迎的人，自尊心强的男人一定会顿时怒上心头。

如果妻子回答：“不好意思，假如可以的话我这就给你去弄些简单的饭菜。”结果肯定会大不一样。

男人对面子的重视程度绝对超出女性的想象。其实女性也有自尊心，但相对而言，男人从小就受到母亲“要像个男子汉！”的教育，如果颜面无存，一则怒火攻心，再则会变得极度消沉。女性应理解男人这种心理，即使心里觉得好气又好笑，但只要表面上顾全了男人的面子，男人就会由衷地心情愉悦，夫妻关系自然就会相处得出人意料地和睦融洽。这种策略对妻子来说，可谓退半步进一步。

男人们常常自嘲说：“我只不过是如来佛掌心里的孙悟空罢了。”这里所说的如来佛，便是指深谙驾驭丈夫之道的妻子。

不论在何种情形之下，男人最不能忍受的就是自己的人格被否定，其次是地位、收入等受到轻视，再次则是性能力遭到质疑。如果在这些方面妻子的言行表现出对丈夫的批评指责，那么他们会觉得自己颜面全无，在妻子面前抬不起头来，非但恼羞成怒，而且会对妻子会产生强烈的憎恨。

当然，妻子不留情面地数落和指责丈夫，说明她们也是蓄积了许多不满。例如，许多妻子都抱怨丈夫，为什么就不能好言好语地跟妻子说说话呢，哪怕只是一句温柔体贴的话？为什么从来就不把妻子看作有憧憬有梦想的女性呢？在这一点上，天性拙于表达的日本男人的确有必要进行深刻的反省。

从这个意义上讲，在夫妻关系问题上男女双方都有责任，男女之间稍不留神，阴差阳错，就有可能酿成大问题。因此，男女双方对夫妇间的任何细小事情都不能掉以轻心。

如何避免夫妻间言语龃龉，保证和谐、愉快地共处，还取决于夫妻双方共同的智慧和相互感应。这里所谓的智慧和相互感应与学历、智商以及能力的高低没有任何关系，出身于名牌大学，学习成绩优异，但在人际关系方面却感觉迟钝，这样的人数不胜数，这种人不管是身为丈夫还是身为妻子，夫妻关系出问题也是必然的。

感受性可谓人性的重要组成部分，现实生活中有不少事例是因为双方在这上面出现分歧，随后才导致夫妻感情日渐冷淡，丈夫转向别的女性，而妻子也喜欢上其他男人的。

然而现实生活中，有不少夫妻感受性差异巨大，却误以为“婚姻生活就是这样子的”，结果死守着家庭谁也不提出离婚。这种情况可以说是极具日本特色。如果此类家庭今后继续有增无减的话，那么夫妻关系势必将变得徒有其名了。

·第十一章·

职场恋爱

正像妻子们所预言的那样，大多数男人又回到妻子身边。但这并不意味着妻子的胜利。

结婚十年，丈夫与妻子的关系渐渐会演变成生活伴侣的感觉，两人之间很少再有浪漫的恋情以及激动不已的冲动了。换句话说，夫妻已经成为“亲人”，与此同时，作为男人和女人的那种紧张感也随之淡薄了。

这种平淡无奇的生活日复一日地延续下去，男人就会萌生寻求激情的念头，随时可能出现婚外恋的现象。不知道是男人的幸运还是男人的不幸，男人们所在的职场里，必定会有一些年轻又新鲜活泼的女性，男人可以轻而易举地找到花心的目标。

加之男人到了四十岁上下，通常都有了一定地位，一般都身居管理层，对年轻且缺乏工作经验的女性进行指导。男上司对女下属时而进行指教，时而又对其庇护，在将对方当作工作上的伙伴的过程中，男人会渐渐对她们产生一种亲切感，不难想象，这种亲切感不知什么时候就会质变成爱情。这种职场恋爱真可谓水到渠成，再自然不过了。

男人四十正是年富力强、在职场上挑大梁的时候，他们成天忙于工作，说得夸张些，回到家里吃完饭便倒头睡去，第二天一大早又离开家人去上班。这样，他们与同一部门女同事相处的时间远比与妻子共度的时间来得长。由于长时间接触，相互之间默契日深、感情日笃也是情理之中的事情。

此外，大多数丈夫已经失去一家之主的威严，他们往往被妻子当作朋友对待，甚至连朋友的资格都不够。而在职场上，他们却深受女下属的仰慕和敬重，这些女下属与家里不施粉黛、不修边幅的妻子不同，为了工作，她们装扮得端庄而又时尚，因此男人们不可能注意不到她们，只要女下属稍具一点魅力，几乎没有男人会不喜欢上她们的。

曾经有一则商业广告一时广为播放，成为坊间的话题。广告里出现了男上司与女下属在一起的场景，并配以广告语“恋爱并非遥远的焰火”。这则广告之所以大受好评，无非是因为它巧妙地切中了上述那些职场白领的心理。

从男人一方来说，陷入婚外恋情的条件实在是太充分了。故此，只要女性也有此意，那么职场中的男上司与女下属之间产生爱情、一同走向出轨，可以说就像“水往低处流”一般自然了。只要想迈出这一步，机会自然多的是。既然是上下级关系，工作结束后带下属一起去吃饭、喝酒，犒劳奖赏或聊天散心，这种机会不会少。此时，双方或是倾吐烦恼，或是“授业解惑”，不知不觉中就会互生亲近感，最终越过最后一道防线。

如此看来，同一部门的男上司和女下属之间，较之同一职场的普通单身男女同事之间更加容易亲近。因为普通单身男女之间的交往，往往会牵扯到婚嫁，男人对此一般是非常慎重的。而男人已有家室的话，彼此一开始就清楚不用承担如此重责，因此，双方可以更加放松地接近。

正如前面多次提到的，男人是一种性欲极强、容易耽乐于性爱的动物，所以，当他们与喜欢的女性初次交合时，会油然心生感激之情，同时对对方更加爱怜。爱得越强烈，就越顾及不到家人的存在以及今后有可能出现的麻烦，甚至根本不愿顾及。

情事之后，男人们也会产生对不起妻子的愧疚感。但与此相比，他们更因得与年轻女性发生亲密关系而喜不自禁，上班对男人来说成了愉快无比的事情。

然而，当男人不止一次，而是接二连三地同其发生关系时，他们也开始对一些事情产生顾虑。其中之一是害怕事情在职场里尽人皆知，这会令他们心中感到些许不安。当然，如果被妻子发觉就更了不得了，不过后者只局限于家庭内部，总归有办法使之平息。而如果事情在职场里张扬开来，男人在职场就难以立足了，说不定还会被降职或调动工作。当然，两个人冒着此种危险继续偷偷维持关系，会令双方感到更加刺激，得到更大的心理满足，这本身并不是件坏事，但是其中的紧张感有增无减，渐渐会让双方倍觉身心疲惫。

这种情况下尤其成问题的是，男人竭力想掩饰两人之间的关系，而女性那一方面却相当积极主动，不顾一切地投入，于是很快周围人会看出一些端倪。

很多女性当然也不愿周围的人识破这种关系，但随着关系的升温，感情越来越投入，女性就很难继续保持若无其事的平稳言行了，甚至有的女性主动向旁人夸耀两人的关系，以致演化到翻脸的地步。尤其当男上司是众多女性仰慕的对象时，女性与其发生关系后，为了向其他女性示威、杜绝别人再打主意，她会通过一些细小的举止或态度让周围的人明白两人的关系。例如，同事一起外出聚餐的场合，她死乞白赖地让对方与之分食一口佳肴，或莫明其妙地使用过分亲昵的语言，于是别人自然会猜测“莫非他们两人有一腿？”从此传言便在职场里到处散播了。

对于两人之间的关系，女性本应该采取更为谨慎的态度，但是，这种做法的背后其实潜藏了一种“这个男人是属于我的”宣言意味，与此同时，她们是希望通过这种方式让对方专心一意同自己发展下去，可以说这也是恋爱中的女性必然会采取的行为方式。

如果男人也希望对方只属于自己一个人的话，除了更加关怀体贴她之外，一旦发现有其他男人对她有所企图，便会采取种种手段击退对方。例如，如果察觉到某个单身男人对她怀有好感，作为上司的他就会冷遇那个男下属，并且在喜欢的女性面前毫不客气地数落那个男下属的缺点，目的就是千方百计加以阻止。

男人和女性在职场恋爱中体现出来的最大区别是：男人把不危及自身在职场中的身份地位等作为首要前提，而女性则有时会忘乎所以，忘记了上司和下属的工作关系，深深坠入情网，不顾一切地向前直冲。

男人和女性在对待职场恋爱态度上的微妙差异，主要是因为男人更多地考虑到其所处的立场，深受其束缚，尤其在日本大多数企业实行的是近乎终身雇用的制度，因而不能不对职场内部其他人对自己的态度有所顾忌，有时候甚至变得非常神经质。而女性则与之不同，除了少数立志干一番事业的职业女性，绝大多数女性并不惧怕被周围的人知悉这种关系，大不了辞职回家，故此她们往往会显得比男人更加大胆。

不管怎样，女性如果通过各种各样的言行向周围的人夸耀自己同男上司的关系，作为当事方的男人都会觉得非常尴尬，虽然他明白那是对方深爱自己的一种表现，但如果女性做得太过分的话，男人就会将和她的关系视为一种负担了。

所以说，与单身女性陷入职场恋爱的中年男人虽然珍重这份恋情，但与此同时他们也同样珍重自己在职场中的地位和名誉，甚或可以说将其看得比恋情更加重要。有时候，由于对自身地位和名誉的极度重视，他们甚至不得不放弃这份恋情。换句话说，中年男人的如意算盘是在不危及自己立场的前提下同女下属恋爱的。

因此，一开始令双方都感到愉悦的职场恋情，随着时间的流逝和关系的深化，渐渐地会呈现出千姿百态的复杂局面来。

例如，有的男人暗地里会打这样的小算盘，虽然眼前不想失去她，但终有一天她会与其他单身男人交往，一旦结婚，那么自己就不必负起婚姻的重责了。当然，有的男人很讨厌这种填补空档式的恋爱关系，从而全心全意爱得更深更强烈。

从女性这方面来看，尽管开始时并不介意对方是有家室的男人，但随着爱情加深，她会情不自禁地希望对方与妻子离婚，同自己结合。这其后的事态发展可谓五花八门，因人而异。

最棘手的一个问题是女性怀孕了。无论对男人还是对女性，这无疑都是一个重大的考验，也可以说这种事是测试男人爱情真假的试金石。

当交往中的女性告诉自己她怀孕的时候，男人首先的反应一定是感到为难和惶恐。倘若男人和自己的妻子之间尚没有生育孩子或者有一方无法生育的话，情形则稍有不同，他会突然间将全部感情都转移至这个怀孕的女性身上，怀孕成为他与妻子离婚的导火索。但如果男人已经有了孩子，那么问题就比较复杂了。这种场合，男人不知道自己应该高兴还是应该烦恼，因为有的时候女性并不打算真的生下孩子，但为了试探男方的反应而故意说准备生产，此时如果男人的回答稍有不妥就会导致双方分手，有时甚至会引发相当大的麻烦事情，故此男人必须慎之又慎地妥善处理。

如果单方面考虑男人的愿望，当然是希望对方主动将孩子打掉，继续保持原来的关系。当然是因为对方同意打掉孩子并且继续保持两人的关系，男人会对她怀有一种深深的歉意和感激，与此同时他会较以往待她更加爱恋。

对男人来说最头痛的是女方坚决要求生下孩子，最终生或不生的决定权掌握在女方手中，男人是鞭长莫及，于是男人唯有坐立不安、惊慌失措的份儿。当然，个别男人会以“如果坚决要生的话就分手”之类的话相威胁，因为他清楚地知道一旦女方将孩子生下来会闹出巨大的麻烦，所以男人无不狼狈万分、惶恐失措，彻底暴露出男人的本性。

尽管如此，女性还没结婚却要为男人生下孩子，这的确不是件小事，男人做到这个份上也算值得自豪了。

倘若男人颇有经济实力或者自己就是老板，那么最后他也许会说：“好吧，由你自己决定！”但是对普通的工薪阶层而言，事情就不那么简单了，经过再三思考，多数男人的态度会来个一百八十度的转变，冷淡对方，甚至巴望能躲开她。

或许多数女性会认为这种临阵脱逃的男人卑鄙可耻。可仔细想来，女性想把孩子生下来，等于是将男人原来既有的家庭视同没有，再组成事实上的另一个家庭，而男人的目的只是希望在她身上寻求日常性的家庭中所欠缺的一种非日常性恋情，如果对方成为事实上的妻子，其魅力立即就会减少一半。假设男人富庶殷实，可以同时维持两个家庭倒也罢了，如果本来就囊中拮据，却要负担起两个家庭，那么对两个家庭来说都只能是一种悲惨。

这种失落感相信婚后却在外面偷情的女性也会深有同感。原以为非常优秀的那个人随着彼此的关系逐渐熟稔，慢慢也变成了一个邋遢的懒汉，同自己的丈夫没什么两样。这样岂不等于同时拥有了两个让人产生不了激情的丈夫吗？对此，女性一定会沮丧不已。相类似的情况，男人也是如此。

再来看一下夫妇年龄与离婚之间的关系。

男人三十出头的年龄发生婚外恋，与妻子离异再和别的女性结婚的概率比较高，五十多岁似乎也是一个离婚高峰。

离婚率较低或者说离婚比较艰难的是四十多岁的男人。这个年龄段的男人处于一个非常微妙的时期，一方面大多身背着住房按揭的沉重负担，又面临子女升学等问题，另一方面在职场中职务不断提升，但同时工作上和人际关系中的烦恼也是接连不断。因此，尽管他们对妻子的爱情已经变得很淡漠，但却不敢轻易跨出离婚这一步。

然而三十出头的年轻男人却相对更容易下决心离婚，因为他们觉得自己从头再来还为时不晚，加上妻子尚年轻，容易再找到合适的对象。等到了五十多岁，子女已长大成人，自己在职场上的前途也早已一眼透彻，无须存什么不切实际的想法了，这种情况下，与其同貌合神离的妻子凑合过下去，倒不如下决心抓住最后的机会，因此也比较容易走上离婚这条路。

与此有所不同的是，从经济实力的角度来看，如果妻子手头较为宽绰，则丈夫相对较容易提出离婚，反之妻子没什么经济实力的话，丈夫就较难提出离婚。就是说，随着妻子自身能力和地位的提高，丈夫的责任感就会越来越淡薄。

然而具有讽刺意味的是，最难以跨出离婚这一步的四十多岁的男人却最容易发生职场恋情。当然，如果发生这种情况时对方女性能快刀斩乱麻，就不至于出现什么麻烦；但随着双方交往日益频繁，相互间的感情也会不断加深，再加上女性独占欲的膨胀，这时候的男人就会遭遇许多麻烦。

就这一年龄段的男人而言，妻子姿色尚存，女人味十足，当然心气也很高，她们对丈夫的花心以及情敌的存在会非常敏感，一旦察觉她们会立即给予强有力的反击，于是三个人之间的关系就像一塘泥沼一样，常常会发生惨烈的混战。

这种情况下，男人通常会抚慰那个单身的婚外恋情的女主角："你从一开始不是就知道我有家庭的吗？何必跟她斗气呢？"可是，对于处于热恋中的女性，这些道理根本讲不通。

当然，女性在交往之初也没有想过要与对方结婚。但随着时间的推移，她们内心的独占欲会越来越强，或许这就是她们爱之切的缘故吧。

不过有一点我们是不能够忽略的，即男性和女性对爱的认识上是有所差异的。女性不仅仅需要一份美好的记忆，而且还渴求婚姻或是两人之间的孩子这类具体而现实的东西，作为爱的见证。而男人只注重双方相爱这一事实，却想方设法逃避以后可能会面临的实际问题。许多女性一定又会怒斥男人卑鄙无耻，但这样做未免有将责任完全归于男人之嫌。在事态还未发展到难以收拾的地步之前，女性似乎也应该三思而行。

总之，热恋中的男人只满足于形式，甚或可以说他们追求的目标可能就是这个形式，好比为赏花而赏花，而女性要的却不仅仅是形式，更追求实实在在的内容，她们不会只满足于花朵，还执拗地要求结出果实来。

无须赘言，已婚的男人有妻子、儿女，这便是实实在在的果实，而这种果实与艳丽的花朵相去甚远，甚至有点煞风景，因此男人们才去追求与之完全不同的花朵。这一点，或许作为女人是较难理解的。

随着男上司与单身女下属之间的关系逐步加深，女方不可避免爆发的不满就是，对方有家可归，而自己却形单影只，这显然不公平。这种不满也可以理解为一种恐惧感，因为对方是在拥有回旋余地的前提下花心出轨的，而自己退无可退、逃无可逃，处于孤军奋战的境地。

女性的这种不满是可以理解的，于是人们不禁要向男人们提出这样一个尖锐的问题：如果说不与妻子分手是在履行做丈夫的责任，维持家庭是对妻子的爱情体现的话，那么他们对于保持交往却又不与之结婚的单身女下属的爱，又用什么来证明呢？又能用什么去补偿呢？

恐怕多数男人对此都难以立即做出明确的回答。

显而易见，妻子拥有法律以及社会道德这种实实在在的保障，而单身女下属却得不到这种具体的保障。有的男人会在经济上给予对方一定的援助，或者最后分手时给予其一次性的补偿，然而这样做的男人毕竟只是极少数，普通男人没有能力做到这一点。

男人们一面觉得愧对对方，一面恐怕又在内心为自己辩解：

“虽然我不能给你具体的保障，但是我给予你的爱情却是妻子根本无法相比的。我无时无刻不想着你，比任何人都更加关怀体贴你，比任何人都更加包容你。就连两个人做爱，我都是倾注了全部的热情和精力，努力让你感觉愉快、满意。

“这样的柔情和宽容我对妻子从来没有过。说句实话，我对妻子几乎没有使用过像‘美丽’啦、‘喜欢’啦、‘爱你’啦之类的甜言蜜语，也没有送过礼物给妻子。回到家里，跟妻子之间的沟通交流也仅止于‘我肚子饿了’‘饭呢’，晚上几乎不与妻子同房，偶尔同房也只是蜻蜓点水，浅尝辄止，从来没有像跟你在一起的时候那样努力，那样热情奔放啊。”

……

或许还有很多很多台词。总之千言万语，男人不能给情人以具体的保障，所以就希望付出胜过妻子几十倍的关怀、体贴、宽容和热烈的爱给情人，事实上他们也确实是这样做的。

这种对于爱的认识只能说是一己的看法。男人给予妻子的是受到法律保护的“妻子”这一名分，是看得见的实体性的东西；而情人得到的最终只能是隐蔽的、精神性的东西，它们是看不见的。

尽管如此，仍然有很多男人认为自己给予情人精神上、肉体上的奉献不逊于给予妻子的保障，甚至远远超过。男人们的逻辑是，两相比较，男人给予情人的一点儿也不比给予妻子的少，如果从现实中所承受的巨大压力的角度考虑，绝对要比给予妻子的还多，为什么对方还会不满呢？

理所当然地，女性同样也会有类似的抱怨。大多数职场情人往往有一种错觉，认为男人不仅给予妻子表面化的保障，同时也将只有同自己在一起时才表现的温柔以及迸发出的激情也一并给了妻子。她们之中所共通的不公平感，其实就来自这种错觉。

可事实上，除了法律上的保障之外，妻子在感情方面往往备受冷落，男人对她们有的只是粗暴或者是敷衍了事。当然，生活中也不乏浓情蜜意的夫妇，但那毕竟只是少数，况且那种爱也只是平和、恬淡的温情，同情人们享受到的那样炽烈的激情完全不可同日而语，正因为如此，男人们才觉得自己给予情人的远远超出给予妻子的，而妻子们对情人的嫉妒也源自这方面。

于是，妻子们最终只得通过自我安慰令自己试着去接受眼前的现实："不要看那女人眼下这样神气，早晚有一天丈夫还会回到我身边的。"

总而言之，做妻子的是不会真正理解情人心中的不安的，反之，情人们也不可能真正了解妻子们的艰辛。说得再透彻一些，男人们不可能真正了解女性的悲哀，而女性也不可能真正了解男人的艰难。

职场恋爱注定会引发种种麻烦，所以除了自由职业者或是公司老板，一般的工薪阶层男人都怀着一种预感，他们清楚地知道自己迟早会不得不结束这种与单身女同事之间的恋情。

这不仅因为他们缺乏走向一次新的婚姻的勇气和精力，同时也因为这种职场婚外恋已经令他们的精神和肉体都产生了相当的疲惫感，而一直让情人为了自己而远离婚姻也会令他们产生羞愧感。在这种状况下，倘若女性不满重重或者横加指责的话，那么就会促使双方的分手来得更快。换言之，这种不道德的婚外恋情在日本社会是要承受巨大压力的，当事人会备感身心疲惫。

结果正像妻子们所预言的那样，大多数男人又回到她们身边。但这并不意味着妻子的胜利，因为回头是岸的丈夫已经将全部精力投入到所爱的单身女性身上，如今俨然是一具空空如也的躯壳。更确切地说，尽管男人回到了家庭，但是对往日情人的记忆仍将深藏在心，甚至可能会一辈子都难以抹去，这种情形就像是男人版的《廊桥遗梦》。所以如果单纯地理解为是妻子的胜利，委实是存有很大疑问的。

在诸多恋爱形式中，有家室的男人与单身女性之间的恋爱最为常见，因而最具现实感。今后，无论社会发生什么样的变革，这种关系恐怕都会有增无减。

写到这里，恐怕会引起许多家庭主妇不安，担心自己的丈夫做出类似的事情来。事实上，严格来说能够真正被年轻貌美的女下属仰慕和爱恋上的男上司是不多的。俗话说“嫉妒老婆无吃香的丈夫”，尽管说是最常见最现实，但其实真正发生职场恋爱的丈夫仍然是极少数，并且只集中于某一小部分人。因此，像前面所说女下属想生下男上司的孩子的情况极为少见，并非比比皆是的。

当然，绝不能掉以轻心。因为年长且稳重可靠的男人同因仰慕而走近身旁的年轻女性之间的关系，是一种最自然，最令人感觉愉悦的男女关系，这一事实是无法改变的。

问题在于，当察觉到这种关系的时候，妻子会做何反应？而发生这种事情的家庭又是什么样的家庭呢？

“一把年纪了还追人家年轻女孩子！”妻子如此狂怒是可以理解的，但与此同时，人们也不禁怀疑：妻子是不是早已忘却了昔日令丈夫为之吸引的那份柔情以及纯情呢？一旦失去了这些，她让丈夫拿什么去抵御仰慕自己的女下属呢？

这个问题同时还可以引申出另一个问题：丈夫是不是值得妻子尊重和柔情以对？不过如果仅从男人的立场来说的话，妻子是否也应该加以反省呢？

不论因为何种原因，男人在外面追求某样东西一定是因为他在家庭中缺少这样东西。对于长期被束缚在家庭的妻子而言，这或许是比较残酷的要求，但是当得知丈夫有外遇时，做妻子的不应只是一味狂怒，有时候也需要自己冷静下来思考一下：“究竟我自己哪方面做得不够呢？”

·第十二章·

妻子出轨

“男人感觉迟钝，所以妻子在外面出轨是不容易被发觉的。”其实这是女性们的一种错觉，因为她们忘记了，男人们即使察觉了妻子的出轨行为，也会装作不知道。

当得知妻子在外面出轨时，丈夫们几乎无一例外会感到狼狈、委屈，同时会大发雷霆。有意思的是，不管他们深爱妻子还是并不怎么爱妻子，这种暴怒的程度是不相上下的。

对日本人来说，妻子因丈夫花心出轨而悲叹不已、痛哭流涕的场景屡见不鲜，人们也已经见怪不怪了。妻子可以毫无顾忌地向朋友或亲戚们诉说丈夫出轨的事情，周围的人对此则给予同情、安慰或鼓励。但是反过来，当妻子出轨的时候，丈夫们一般不会做出悲叹不已和痛哭流涕的举动。事实上，碰上这种倒霉事儿的男人肯定也不是绝无仅有，但是因为男人们被“男人不该在别人面前哀叹个人遭遇”的社会理念所束缚，所以他们才不会这样。偶尔有男人在别人面前叨咕这种事情，就会遭人嗤之以鼻：“哪儿还像个男人？”“娘里娘气的家伙！”结果反而越发被人瞧不起。

换句话说，女人是可以哭诉的，因为她们哭诉个人的不幸遭遇能够得到同情和安慰，人们绝不会因此而认为她们有损自尊。然而，男人却是万万不可哭诉个人不幸遭遇的，这样做会被人视为不成体统，只会遭人蔑视，除此之外，他们什么也得不到。

如果妻子对丈夫说出“如果你抛弃我，我就不活啦”这样的话，那么多数丈夫可能会改变主意，仍旧与妻子厮守在一起。反之，假设丈夫对妻子说“你要是离开我，我就无法活了”，或许有的妻子会受感动，但是大多数妻子只会将他视为可怜虫而更加坚定地离开他。

由于有这种社会观念上的差异，大多数男人察觉到妻子在外面出轨时，精神上遭受重创，但也只能在内心暗暗地愤怒，表面上仍装作很坦然的样子。当然，在刚刚得知真相时丈夫们也会怒不可遏，热血直冲脑门，但男人是要面子的，所以一般很少在他人面前直白地表露出自己的喜怒哀乐，尤其是那些所谓的优秀男人，更不习惯于随性而为，他们一定会竭力控制住自己的情绪。

之所以不立即采取行动，背后恐怕有这样一种畏怯在起作用：男人们担心盛怒之下痛斥妻子，让她“滚出去”结果妻子可能真的离家出走，局面就不好收拾了。

这便是男人们性格中天生的懦弱之处，假如妻子真的离家出走的话，自己的生活马上会变得一团糟，明天的生活如何安排？尤其是家中有年幼的孩子的情况，如果妻子不顾孩子离去，自己总不能丢下孩子跑出去工作啊。因此，很多男人在妻子即将离去的瞬间，立即就能预见到现实生活当中将要面临的种种困境。

男人无论如何也不会将妻子因为有外遇而离家出走的事情告诉给他人，那种丑事一旦传开来，作为男人可谓颜面全无了。由于一开始就有这么多顾虑和恐惧，所以男人们很难态度鲜明地采取果断行动。

这种暧昧不清的态度在朋友和亲戚面前也一样，尽管夫妻之间的关系已经非常紧张，但是男人们表面上仍然装作什么也没有发生，尽力掩饰着一切。

但是，这种事情毕竟会给男人造成极大的精神负担，事实上有不少男人因此而患上了神经官能症和身心疾病[1]。

近年来，越来越多的男人遭遇了妻子出轨的倒霉事，但之所以没有大张旗鼓地成为一个社会问题，一方面是因为男人们性格坚忍，能够忍气吞声，另一方面则是男人们顾及面子而不愿张扬，实际上这个数字一定不会低。

常常有女性说："女人敏感，所以能够立即察觉到丈夫在外面花心或者出轨，而男人感觉迟钝，所以妻子在外面出轨是不容易被发觉的。"其实这是女性们的一种错觉，因为她们忘记了，男人们即使察觉了妻子的出轨行为，也会装作不知道。

大多数妻子仅仅还是怀疑阶段，便迫不及待直截了当地逼问丈夫："你是不是在外面有别的女人了？"甚至一把鼻涕一把泪地刨根问底。就算她们最终放过丈夫，但同时经过这样一闹也算是警告

1　身心疾病：临床医学上指因精神原因而导致的身体疾病，典型的如食欲不振、心绞痛、性功能障碍等。

对方："我已经知道了！"并且日后她还会时时不忘旧事重提，揭丈夫的伤疤。

可是，男人无论如何也不会直接质问妻子："你是不是有外遇了？"即使他们心存怀疑，也只会暗藏在心中独自去琢磨，去验证。因为他们担心弄不好妻子毫不掩饰地坦承确实有外遇的话，自己就会无地自容，丢尽男人的面子。总之，他们害怕知道事实真相。从某种意义上说，丈夫害怕知道妻子出轨的真相比妻子害怕被丈夫察觉自己有外遇有过之而无不及。

因此，即使已经明确地感觉到妻子在外面有了外遇，男人们也只是轻描淡写地说"最近你好像回来得特别晚嘛""今天你妆化得太浓了哦"，仅止于旁敲侧击地提醒而已，迂回地表达自己的不满。如果妻子反驳说："没那回事！"男人便不再追问下去，即便内心起疑、愤怒，但表面上他们仍然装作若无其事。尽管这样，男人们心里还是希望妻子尽快迷途知返。

偶尔有的丈夫想稍加严厉地干涉一下，也只是委婉地问一句："你最近是不是经常和那个男人见面？"而不会直接逼问："你是不是有外遇了？"

对此如果妻子辩解说："和那个男人只不过是工作上的接触，有时候一起吃吃饭而已。"那么丈夫则会就着台阶下，转而从他人的角度或自身形象方面来提醒她："我倒不是怀疑你什么。不过人言可畏，谁知道别人会怎么想哩，你还是自己注意一点儿的好。"

这样，女人也许会松一口气，以为"男人到底是感觉迟钝，居然没有发现”，其实她未免想得太简单了。

这里有实例为证。

某人在出版社工作，是个工作非常勤恳的人，差不多每天都要主动找点活儿做，一直加班到深夜，有时下班后与朋友出去喝酒，结束之后还要返回出版社继续工作。一位关系亲密的同事觉得不可思议就问他其中原因，他这才说出了实话：“一想到自己回家时妻子有可能不在，就不敢回去。”

他的妻子婚后仍在继续工作，并且职位不低，担负着重要的工作，但最近常常深夜才回家。自己先回到家而妻子尚未回来，在等妻子回家的时候他就会忍不住去想：“妻子是不是有外遇了？”结果弄得疑神疑鬼、坐立不安。尽管这样，他又难以开口质问她：“为什么总是回来那么晚？！”因为他害怕一旦话问出口，说不定双方就会大动干戈，甚至有可能闹到分手。出于这样的恐惧，他就干脆每天在出版社加班，总是比妻子还晚回家。

也就是说，他老早就察觉到妻子可能有外遇，只不过为了摆脱那种折磨人的猜测怀疑，所以才主动加班，每天在出版社待到深夜。在旁人看来，他越是晚回去，不就越容易使妻子觉得心安理得，放心大胆地追求婚外恋情，而夫妻两人在感情上也会越加疏离吗？但事实上，像他这样态度暧昧，只会将苦水往自己肚里咽的软弱男人着实不少。

男人们竭力装作没看见或者不知道妻子在外面出轨，即使他们知道妻子的外遇对象是谁，也未必就会立即做出反应，这与妻子知道丈夫的外遇对象时的反应截然不同。

妻子得知了丈夫外遇对象的时候，大多首先是想到打探出对方的住址和联系电话，然后一通电话打过去，或者直接找上门去同对方单刀直入地摊牌。有的妻子会直截了当地要求对方：请你把我丈夫还给我！有的妻子则可能将对方破口大骂一通："你这只偷腥的母猫！"

相反，男人得知妻子的外遇对象时，极少会有人想到要同对方直来直往地进行交涉。这种时候男人首先想到的是自己的面子，他会告诫自己绝不能把颜面丢尽而去做那种事情。其实男人内心不能说没有这样一种恐惧，他害怕见到情敌后只会让自己受伤，让自己产生自卑感。弄不好，发现对方比自己更具男人魅力，经济实力也远远超过自己，对男人来说就是致命的一击，心灵所受的创伤会更加深重。

尤其可悲的是，有的男人见到妻子的外遇对象后会出现性无能的情况。女性可能无法理解这种现象，但是正如前文中所述的那样，男人的欲情是极具精神性的，故此男人中因自卑而导致性无能的病例并不罕见。也就是说，妻子的出轨行为会给男人的性能力造成致命的杀伤。

那么，男人在什么情况下会怀疑妻子有外遇呢?

首先是夫妻之间的性生活出现了异常。

一般而言，女性一旦有了其他男人就会疏远丈夫或避免与之交合。在这一点上女性与男人不同，男人可以和没什么感情的女人交合，而女性虽尽量小心谨慎不想引起丈夫怀疑，但在床上却会明显地表露出她们试图回避丈夫的态度来。当丈夫提出要求时，开始她会以身体不适、累了等种种理由来推搪，但是次数一多势必引起丈夫的疑心，有时即使答应丈夫的要求，她也显得冷冷淡淡的，敷衍了事，或者一反常态表现出前所未有的激情。从这些微妙的反应中，丈夫可以察觉到妻子的出轨。

而反过来，如果丈夫有了外遇，妻子大多从他身上沾到的香水味以及他的举止中就能有所察觉。倒不是丈夫们不善于从这些方面进行观察，而是妻子们善于隐藏，所以男人们大多是在做爱时才开始产生疑心。这就是男女在察觉对方是否有外遇的方法的差异吧。

当丈夫开始强烈地怀疑妻子在外面有了外遇时，丈夫在床上也会表现出微妙的变化。

想象力是人类所独具的一种高超能力。当丈夫怀疑妻子有出轨行为时，它就会起到负面作用，丈夫会在脑海里描绘妻子与其他男人交合的场景，在他的想象中，一定是妻子与情敌在一起做得更好，她们会表现出同自己做爱时从未有过的愉悦感和种种媚态……越是这样想象，就越容易产生自卑感，从而被未曾谋面的情敌击垮。

如此一来，结局是非常凄惨的：即使他与妻子仍然保持有性爱，这种想象也会时刻跳出来作祟，从而令双方都得不到满足，最终仍可能导致丈夫陷于性无能。

自己不能满足妻子而那个男人却做得到——对男人来说，这种想象是致命的打击，是自己作为雄性动物的败北，或者可以说这意味着自己已经失去了做男人的资格。由此，必然对男人的身体造成巨大的残害。

此外，一想到妻子被其他男人拥抱过、同其交合过，做丈夫的很自然地就会觉得妻子体内还残存着其他男人的残渣余渍，认为妻子肮脏不洁，于是对其的憎恨更有增无减。

如上所述，得知妻子出轨无论在精神上还是在身体上都会令男人留下严重的后遗症。到了这般地步，仍不质问妻子，继续装聋作哑的话，丈夫们的焦虑不安会进一步蓄积，开始沉溺于酗酒，生活一团糟，也提不起工作热情来。除此以外，作为自己遭到妻子背叛的补偿，有的男人会变得格外疼爱孩子，或者对小猫小狗表现出强烈的怜爱之情，因为这时他们认为自己力所能及的也只有孩子和小动物了，因此不得不从他们身上寻求些许慰藉。

在这种情况下，男人最最痛苦的是无法向亲朋好友倾诉因妻子出轨而遭受的极度痛苦，那样做是有损男人面子和体统的，所以只能独自一人闷闷不乐。这或许就是由男人的本性所带来的悲剧。

前面举了一个丈夫对妻子出轨装聋作哑的实例，不过在实际生活中，有的丈夫也会忍不住对妻子大动干戈、严加指责的。这种情况，大多是因为丈夫无论在社会地位上还是在经济实力上都处于优越地位，因此，即使妻子离家出走他们也毫不在乎。与此同时，他们大多自己也在外面另有其他女性，所以他们有足够的自信去质问妻子。

但即使男人在外面花心或出轨，对方的女性未必肯承担起全部的责任，当双方仅仅就是相互玩一场感情游戏的时候，男人如果想再进一步的话，对方很可能就此“鸣金收兵”，打起退堂鼓了。

男女之间或夫妻之间的关系说穿了是力量的对垒，根据双方力量对比的优劣、强弱，双方做出的反应也各不相同。

完全靠丈夫养活的妻子们非常担心：如果丈夫离开，自己便失去了经济支柱，因此不敢深究丈夫的出轨行为而只得忍气吞声接受既成事实。同理，丈夫害怕妻子一旦离家出走便无人照顾自己的饮食起居以及孩子，所以即使知道妻子有外遇也不得不装作不知道。事实上，近年来随着女性的社会地位越来越高，越来越多的丈夫们即便知道妻子有出轨行为也不敢声张势厉地质问，而只能选择忍受。不过前提是，这类丈夫大都性情和善，他们供职于不错的企业，既有地位又有面子。

倘若情形并非这样，例如说丈夫只是一介社会混混儿，则他们既无社会地位又无须顾虑面子，一旦遇到此种情况便声疾色厉，甚至诉诸暴力。即使丈夫还不至于此，但如果他既缺少男子汉的胸怀，又不顾体面的话，说不定横下心来也会做出什么荒唐事来。

一旦妻子在外面出轨，务必在证据充分的情况才可采取相应的行动，这一点应该是不言自明的。

时下丈夫有外遇但仍不愿与其离婚的妻子，或是妻子有外遇但仍不愿与其离婚的丈夫人数都在不断增加。换个角度来看，这个事实正说明：夫妇关系其实并不需要很深的爱情去维系。男女双方即使“人心隔肚皮”，即使双方各自在外面拥有情人，但至少在形式上夫妇关系还是可以维持的。换句话说，当代社会的夫妇关系早已经名存实亡，徒具其名了。

特别是有了孩子的情况下，大多数夫妻为了尽到做父亲或母亲的责任而继续维持夫妻关系。在“一切为了孩子”这个绝对正当而充分的理由下，许多夫妇似乎内心已经断念了——所谓夫妻关系不过就是这么回事。

如果是在战前，情形恐怕就大不同了。那时候，丈夫掌握着妻子的全部经济来源，从某种意义上说，他们为妻子提供全方位的保障。由于在力量对比上男人占据压倒性的主导地位，因此，妻子出轨就是对丈夫莫大的背叛，是绝对不容许的，一旦发生，丈夫可以对妻子实行毒打，也可以毫不犹豫地休掉她。

然而现今时代，夫妻的力量对比关系与战前完全不同了，如果妻子是个职业女性的话，双方就近乎分庭抗礼了。非但如此，或许是因为自学生时代就看到了太多优秀的女生，近年来男人可以说是毫无斗志了。换句话说，如今的男人身上父权色彩正在逐渐淡化，在某种意义上甚至可以说，越来越多的男人不得不看着妻子的脸色来维持婚姻生活。

随着女性参与各种社会事务的程度越来越高，原有的男女关系、夫妻关系也发生了翻天覆地般的变化，“夫妇关系究竟是什么？”这一本质问题，随着时代变迁也不可避免地处于不断的变化之中。今后，夫妻双双有外遇却依然维持一个完整的家庭的情况或许会有增无减。

近年来，年轻男人越来越拙于处理人际关系，也不擅长表现自我，缺乏主动向女性示爱的气魄。相反，总体而言女性却越来越积极主动了，不少男人变得只会被动地等待女性来选择。这种男人将来即使妻子出轨，也只会一味地忍受。这种态势继续发展下去的话，妻子们会越加不满足于只会卖弄柔情的丈夫们了，她们或许只能到外面去寻找更有雄性气概的男人。

旧时，已婚女子与其他男人发生关系会被以通奸罪处死，因此从某种意义上说，女性出轨，就必须有赴死的决心。或许女人只有做好了抛弃家庭的思想准备才谈得上出轨，最极端的例子便是男女一同殉情自杀。但是这样一来，也就不是普通意义上的出轨，而是真情的追求了。

然而，当代的女性大多并不是抱着上述坚定信念去追求外遇的，她们从一开始就不打算与丈夫离婚，而只是轻率随意地寻求一种激情和刺激，即只准备潇洒地玩一把。尤其是到了三十好几，眼看将奔四十岁的年纪，她们已无照顾孩子之虞，加之青春不再的焦虑，所以自然而然地产生了“老树开花”的念头。结婚多年后，随着岁月流逝，与丈夫之间早已没有了浪漫的情调，想到作为女人的花季就这样迅即消逝，她们着实心有不甘，如果在这个节骨眼上遇到一位将自己当作魅力尚存的女人看待的男人，不知不觉中就会走上出轨之路，这一点也是好理解的。

一旦出轨，大多数妻子会觉得有愧于丈夫，而且她们最终都希望回到丈夫身边，所以希望丈夫能够宽容其一时的荒唐行为。这一点与男人希望妻子宽恕自己在外面花心的心理几乎毫无二致。

总而言之，就像男人花心却并不想毁掉家庭一样，当代妻子们的出轨行为大多也是建立在将家庭维持下去的想法之上的。

如果从前述的态势来看，姑且不论是好事还是坏事，目前或许不止一半的妻子们在夫妻关系中占据优势，妻子比丈夫更占上风的可能已占到了 60%左右。

毋庸置疑，夫妻平等是当代社会所追求的理想，也是一种极为理想的夫妻关系，但与此同时，它似乎又助长了夫妻双方的出轨行为，使夫妻关系变得名存实亡，不能不说这是一种莫大的讽刺。

·第十三章·

绝对的爱

绝对爱是存在的，但它只是极为短暂的东西，而不是永世不变的。倘若企盼拥有永世不变的绝对爱，那么就只有在爱的巅峰时刻自己化作永恒。

既然相爱，任何人都希望双方心无旁骛地全情投入，不论精神上还是肉体上都能和谐而充分地结合为一体。这样，双方眼里只有对方，为对方付出全心全意的爱，绝不容许花心、出轨，甚至目不旁视，对身边的花花草草不屑一顾。——这种爱，我们姑且称之为“绝对爱”。

假设一味追求这种绝对的爱，结果会怎么样呢？

真正情投意合的爱侣，随着精神之爱加深，肉体之爱也必然不断地得到深化，而肉体之爱的深化又会反过来促进精神之爱的不断升华。《失乐园》中的男女主人公久木和凛子之间就是这种非常投契的男女关系的典型代表。凛子通过久木初尝了性爱的愉悦，而随着两人性爱关系的进一步发展，她对久木的爱恋也越来越深、越来越强烈；反过来，久木对于因自己而闯入伊甸乐园的凛子的感情也是与日俱增，不断向纵深发展的。

像这样随着男女双方感情的加深，爱对方爱到无以复加的地步的时候，任何一个人都会很自然地产生独占的念头。就久木和凛子来说，一方面双方各自都有家庭，故此都因独占欲和嫉妒心交织在一起而痛苦不堪。但另一方面，由于偷偷幽会所产生的紧张感以及为社会所不容的罪恶感又使得两人的欲情越加亢奋，爱情之火越燃越炽烈。

然而，就算自认为已经通过爱情将对方彻底据为己有了，但人心却是漂浮不定的。事实上，只要有过爱上别人的切身体验就会明白，爱情之火有朝一日总归会减弱，终至熄灭。

久木和凛子各自都已结婚，说明他们过去也都曾被妻子或丈夫深深吸引，坚信与对方可以共度此生的。但当两个人在同一个屋檐下生活之后，在安稳的虚幻景象之下，渐渐产生了倦怠，新婚当初浓烈的爱情毫不留情地消逝了，恋爱时不曾注意的令人厌嫌的一面开始无限放大，于是感情越来越疏远，性爱也变得索然寡味了。

曾经那样相爱的两个人，为什么会变化如斯呢？这种爱情的不确定性以及对于岁月流逝的不安和恐惧，久木和凛子两人都已经感受得太多，品尝得太细腻了。在《失乐园》的后半部，有一段凛子去见久木妻子的情节，这里我们只引用其后的部分对话：

“她说要和您分手呢，”凛子像是在自言自语，紧接着又说道，“事情闹到这一地步，都是我的错。我见您夫人的时候，望着她就不知不觉地害怕起来……”

“害怕？”

“大概是岁月的流逝让人害怕吧。经过10年或者20年，人的心应该也会变的。恐怕您结婚当初也是很爱您夫人的，希望和她共同组织一个美满的家庭吧？可是现在却变了。”

稍稍停顿片刻，凛子又说道，

“有朝一日，您大概也会对我感到厌倦的。就算您对我不厌倦，说不定我也会对您感到厌倦的……”

如果人生在世，爱情势必会变是一个逃不脱的宿命的话，那么最好的办法或许就是在爱情最轰轰烈烈，最情深意浓的那一瞬间，自己和对方一同离开人世，这样就能够确保将一份绝对的爱永久封存起来，除此以外，别无他方。凛子就是在她对久木的爱步步升华的同时，开始执着地向往死亡，希望在那一刻两人一同从尘世上消失。

两人周围的环境也助长了这种对死亡的企盼。同凛子结识之时，久木刚好被排挤出公司核心圈子，加上目睹了好友的患病及去世，令他感觉生命中充满了虚幻。另外，凛子在性爱巅峰预感到了死亡，作为一个三十八岁的女性，人生已臻顶峰，其后便开始走下坡路了，这种莫名的不安和恐惧始终萦绕在她的脑际。理所当然地，随着两人爱情的加深，双方都面临着家庭崩溃的巨大压力，久木将受到社会舆论的严厉制裁，而凛子的母亲甚至会和她断绝母女关系，两人陷入了孤立无援的境地。社会的摈斥和逼迫，使得凛子越加渴望死亡。仿佛是要与此形成攀比似的，他们深深陷入了感官世界，耽爱于其中，在深不可测的性爱深渊中沉沦。性爱的极致体验即是死亡，这或许是只有性爱高潮中的女性才能体会的至上幸福。生活在清醒的现实中的女性或许会反驳道："哪有那种至上幸福啊！"然而从这里再往前一步便是主观感受的世界了，是无法摆开道理来讨论的。总之，感受得到的人自然感受得到，感受不到的人再说也无济于事。

坦率地讲，笔者无意不负责任地乱发议论，尤其是涉及性爱，有没有真实感受，势必导致得出截然不同的结论。

这些姑且不提。

久木被凛子狂烈的爱以及她对死亡的向往硬生生地一同拖向了死亡，最后两个人终于以紧紧交合在一起的方式殉情而死。

绝对爱是存在的，但它只是极为短暂的东西，而不是永世不变的。倘若企盼拥有永世不变的绝对爱，那么就只有在爱的巅峰时刻自己化作永恒。这便是《失乐园》所要表现的另一个主题，创作这部小说的契机或者说参考背景其实就是昭和十一年（1936 年）发生的"阿部定事件"。

在东京中野一家小饭馆里当女招待的阿部定，与这家饭馆的老板吉藏发生了肉体关系。就吉藏而言，当初或许只不过想消遣一下，可是阿部定却执着地爱上了他，因为她从吉藏身上真正体验到了性爱的愉悦。

吉藏在与阿部定保持关系的过程中，也情不自禁地陷入进去，就是说，阿部定与吉藏其实是一对极其合拍的性伴侣。于是，阿部定渐渐对吉藏的妻子产生了强烈的嫉妒，不堪忍受吉藏返回到他妻子身边。她疑神疑鬼地想，他回到家之后同妻子是不是也会做同样的事情？一想到这里她便无法克制自己，几欲发疯。而吉藏也开始耽乐于同阿部定的性爱，两个人只要手头一有钱便将自己关进小酒店，尽情纵欲，尽情享乐。

与吉藏越是相拥缠绵，阿部定便对他越发增添眷恋，在快感窜至巅峰的时候她不由自主地说道："为了不让你再和其他女性这样，干脆我杀了你吧！"吉藏回答说："为了你，我就是死也甘心！"闻听此言阿部定从心底里感到高兴，心想天下绝不会有第二个男人会对她说"为了你我情愿被你杀掉"这样的话，对他更加迷恋不舍。

于是两人一边交欢，一边互相扼住对方的脖颈，这样又诱发了一种施虐狂式的变态性爱快感，从而为两人浓厚的性爱增添了新意。如此多次反复之中，阿部定对吉藏的爱有增无减，她觉得要将这个心爱的男人永远据为己有，就只有杀死他，然后自己也随他而去。

一天，交合之后的吉藏昏昏沉沉正欲睡去，忽然他睁开眼睛，对阿部定说道："喂！我睡着了之后你还会卡我的脖子吧？要卡的话就不要松手，省得醒来更难受。"阿部定心想：莫非这个人也觉得活得太累，希望自己结束他的性命？不！这是不可能的。——阿部定揣摩着吉藏的心思，最后为了将其永远独占，还是决定杀死他。于是她用腰带勒住迷迷糊糊的吉藏的脖颈，含着眼泪说了句："请你原谅我！"随后一用力，将吉藏勒死。接下来，阿部定又用菜刀割下吉藏的阴茎和睾丸，仔仔细细地用牛皮纸包好，外面再裹上一块布，小心翼翼地揣入怀中。当她被捕时，那件东西依旧紧紧地贴身而藏。

为什么要割下被杀死的男人的阴茎？面对法官的审问，阿部定回答说："那是我最心爱最贵重的东西，如果不把它割下来的话，他老婆一定会在为他擦拭身体的时候去摸它的。"还说，将吉藏的阴茎带在身上，就"有一种和吉藏待在一起的感觉，就不会感觉寂寞了"。

这起案件一经公布，顿时掀起轩然大波，人们都觉得这是个猎奇案件，并且认为阿部定是个淫荡无耻的恶魔。可是随着案件的审理，人们开始同情起她来。因为当年正好发生了"二·二六事件"[1]，日本正疯狂地向军国主义突进，社会处于极度闭塞的状态中，看不到出路，而从阿部定这种不惧自我毁灭，将纯粹的爱贯穿始终的人生信念中，人们仿佛发现了一条自我救赎的途径，因而产生强烈的共鸣。阿部定的辩护律师竹内金太郎为她辩护道："两人凹凸相符、阴阳相融，这是千载一遇的结合。正是在这样罕见的宿命安排之下，由于造物主的疏忽才引发了这起案子。"由于多少受到社会舆论的影响，检察官本来主张判处阿部定 10 年徒刑，但是最终判决下来只有 6 年，后来因服刑表现出色，阿部定在 5 年后便出狱了。

回顾"阿部定事件"，我们从中可以感悟出一个结论：两个人由心底里深深相吸相爱而不能自拔，当爱到绝对排他的程度时，则

1 "二·二六事件"：昭和十一年（1936 年）2 月 26 日，旧日本陆军部分青年军官发动政变，他们枪杀内大臣、大藏大臣和教育总监，重伤侍卫长，占据了首相官邸等处，并提出改造国家的要求。后被认定为叛军而遭到镇压。

势必破坏掉这种爱，并且最终会将其引向死亡。事实上，如果一味追求绝对的爱，势必对周围的人造成伤害，同时也与社会道德伦理不断发生摩擦，将自我推入无药可救的境地。在现实生活中，对爱情如此执着且纯真的人毕竟是极少数，绝大多数人通过形形色色的妥协而生存下去。如果从绝对爱的角度来看，丢弃那种自焚式的激情和性爱，争取眼前的安宁和稳定的爱情，不仅仅是妥协，无疑也是一种堕落，但现实中几乎所有的人都安于这种妥协却不失真爱的爱情。

如果探讨一下男女对于绝对的爱的态度可以发现，每个人的内心一隅都对其充满了憧憬和期待，但实际上却又不愿走向那一步。

理所当然的，要想堕入这种爱，首先便需要一个完全投契的对象，有了这样的对象，男人还需要非同寻常的勇气和实践能力。在这一点，日本男人大致来说都是胆怯的，只会在头脑中勾画和想象，一旦真的陷入那样的爱情之中，他们非但会打退堂鼓，并且一定会产生腻烦和厌嫌。

造成这种情形的理由首先是男人们对于自己的感情缺乏十足的自信，即使真心爱上对方，期待演绎一场绝对的爱，但又担心不知什么时候对方或自己会变心。这样说似乎有些杞人忧天、庸人自扰的感觉，可是出乎人们的想象，其实男人大多就是这样，畏首畏尾，不敢付诸行动。反过来说，正因为男人们缺乏自信心，所以即使对于眼前的人十分珍爱，依旧难免三心二意或见异思迁，这种事例不在少数。故此，与其说男人们不敢断言自己现有的关系是绝对的爱，不如说他们对于这种断言本身就心存畏怯，这并不是因为笔者自身是男人所以才这样说，相信大多数女性一定也有同感。

毋庸赘言，“绝对”这个概念是以绝无仅有、世不二出为前提的。而男人的爱往往是相对的，或许眼下最爱这个女性，但不知什么时候又会冒出第二个、第三个来，这种可能性无时不在。无论眼前这个人多么优秀，多么可爱，偶尔也会心有旁骛，想着寻找点新鲜的刺激。这样一来，与其守着一个绝顶优秀的女性坚持所谓绝对的爱那么沉重，倒不如维持一种较为粗浅浮泛的爱情来得轻松些。男人们清楚地知道自己这种暧昧不清的特性，所以不具备追求绝对的爱的自信心，反而觉得那种爱过于沉重了。

与此相反，女性如果真心爱上一个男人的话，就会不断加深对其的眷恋，坚信两人之间的爱是绝对的爱，并期盼着这份爱能够天长地久。由此可见，女性对于爱情比男人更加纯真，更加一心一意。当然女性之中也不乏表面看上去只眷恋一个男人，其实她的心另有所属的个例，不过这里我们讨论的只是真心只爱一个男人的女性。

很自然的，男人们会因为对方对自己一心一意而欣喜，越加觉得其可爱，但若超过一定的界限，男人则又会感觉到沉重和可怕。

女性中也有人对绝对爱能否持续长久抱着疑问。例如《失乐园》中的凛子，虽然她同丈夫之间不像同久木在一起时那样炽烈，但是也曾有过令其感到满足的时光，只是经过漫长的婚姻生活，她终于意识到，是岁月的流逝以及婚姻这种形式使得爱情风化了。

年轻女性不曾有过婚姻的切身体验，所以往往对绝对之爱抱有过高的期待。当她们遭遇激情迸发的爱情，便坚信自己找到了绝对的爱，并自信地以为自己“此生都可以将这种爱持续下去”。她们是为了让这种绝对之爱天长地久才渴望结婚的。

当然，期盼与心爱的人永远相伴、共度此生，是恋爱发展的必然结果，但其背后，不排除也有着一种担心对方心有他属的不安，以及希望通过结婚构筑起一种牢固的关系，使对方只属于自己一个人，永远保持与自己同等爱的张力的那种期待。换句话说，多数未婚的年轻女性认为结婚是成就绝对爱的一种形式，只有结婚绝对的爱才能得以完成。

然而如果过多地期待结婚就能成就绝对的爱，并使之永久存续下去的话，则难免会事与愿违。《妇女公论》杂志就经常刊登这样的报道：结婚十年的女性，对丈夫已经毫无激情可言，因此许多人都在为这样的婚姻再持续下去究竟有没有意义而烦恼。或许这些妻子们当初在结婚时，也都觉得这份爱是绝对不变的，结婚后爱情只会更加坚固、天长地久，至少她们坚信自己对于丈夫的爱永远不会褪色。

无论多么相爱，男女之间终有相互倦怠的时候。

听到如此断言，处于热恋中的青年男女或许会说：至少自己身上不会发生这样的事情。但是从某种意义上说，几乎所有的男女爱侣间都会出现倦怠，这是无可争辩的事实，只不过程度上有所差异而已。

一方面，恋爱的时候，两个人各居一方，各有自己的生活，因而双方都迫切期盼相见，有时候仅仅想象双方小别重逢的情景便会激情澎湃，不能自已。另一方面，无论怎样相爱，偶尔也会涌起不安的情绪，疑神疑鬼，担心对方是否变心，怀疑对方和自己不在一起的时候是否与其他人有约。正因为这种精神上的紧张感，才会更迫切地希望两人整日厮守在一起。

可是一旦住到同一屋檐下，融入由国家法律保障的“婚姻”这种制度中，精神上的紧张感以及期盼相见的迫切感也随之消失。假使将那种激情迸发的恋爱感觉的消失称作“倦怠”的话，那么倦怠可以说就是婚姻制度的副产品，是一种宿命般的存在，始终与爱情相伴相随。

所以说，如果无论如何想避免爱情的倦怠感降临的话，那恐怕只有设法摆脱结婚这种制度的束缚了，而这便也意味着男女双方虽然结婚，但却彻底抛弃掉生活在同一个屋檐下的常识了。

一般情况下，男人和女性在恋爱时都只将自己优秀的一面展示给对方，而一旦结婚共同生活之后，双方便产生惰性，不再掩饰自己的另一面了。因为婚姻即意味着平凡琐碎的日常生活，在这种环境里人们不可能一直绷紧神经，竭力伪装自己。

妻子理所当然地会在丈夫面前露出未经化妆的素颜，丈夫也会毫不在意让妻子看到恋爱时未曾暴露的随意和邋遢。这些最本真的东西不加掩饰，暴露得越多，双方的神经就越松弛，越不介意那些虚饰的东西，当然这样也使得两个人感觉相处得十分轻松、宁定。在外工作时，一整天不得不注意自己的仪容，加之精神高度紧张，造成心理焦虑不安，回到家中，男女自然都希望彻底放松一下自己。

总而言之，恋爱是一种非日常性的东西，而结婚则是实实在在的日常性的，彼此什么都无须掩饰，因此倦怠感会不期而至，安逸、宁定与倦怠感说穿了就是一枚硬币的正反两面。换句话说，人们在获得安逸和宁定的同时，不能不付出一定的代价，舍弃掉激情、浪漫，等等，并且以安逸的名义将其分身，就是倦怠感，也一并接受下来。

已婚男女或多或少都不可避免地感受到倦怠，不过就程度来说，似乎男人更加严重一些。

个中的理由不一而足，但其中重要的一点，恐怕是女性的筑巢本能强于男人的缘故吧。

多数男人即使结了婚仍不甘心受到束缚，强烈地希望在外面自由自在地行动，与女性相比，他们的筑巢意识较为淡薄。女性则完全不同，一旦决定结婚，就会为自己即将和这个男人共同生活一辈子而感到欣喜，与此同时，她们开始精心构筑两个人的爱巢也就是家庭，而男人此时除了欣喜还会有一点烦忧或者说是断念，觉得不得不将与她共度此生。

女性结婚后，家务事便成了最重要的工作，生活节奏及生活内容与之前相比都大不相同，其中包括妊娠、分娩等与其自身生理相关的事情，总之，人生充满了变化，从某种意义上说，她们无暇对生活感到厌倦。孩子出生后，先是忙于抚养，步入学龄期则是忙于教育，时常面对着全新的事态，至少在孩子长大搬出去之前，女性可谓忙得天旋地转。

相形之下，男人无论婚前还是婚后，都是从家里到职场再从职场回到家里，每天上班下班。由于没有经历过十月怀胎，他们同孩子之间的关系始终隔开一点距离，所以孩子的出世对他们来说，生活内容并没有太大变化。与此同时，男人作为“工蜂”的作用却一味被强调，致使他们备感精神负担沉重，而现实生活单调乏味，因而极容易对婚后生活产生厌倦。

让女性听了感到不快的词语中有这样一句：“钓到的鱼儿不给食吃。”从某个角度讲，这句话恰好暴露出男人的真心。恋爱时，为了令对方的感情切实地指向自己，男人对其可谓无微不至地关怀体贴，真心诚意地花费时间和金钱，拼命取悦对方。等到结婚后，对方已然成为自己的囊中之物，于是男人几乎不再带妻子去高级餐厅吃饭、赠送礼物、出门旅游，这种浪漫的事情从此便与之绝缘了。

经常听到妻子们抱怨：“结婚以前他是那么温柔”“一结婚，他好像就变了个人似的”，等等。的确，结婚前后完全两副面孔的男人不在少数。

然而她们或许忘了，男人在恋爱时对女性大献殷勤、关怀备至，只是为了将对方揽入自己囊中。不客气地说，假如没有这份狼子之心的话，他们才不会虚掷金钱邀请女性去吃价格不菲的馆子，或者浪费时间开着车陪女性兜风哩。换句话说，男人若是对女性格外地关怀体贴，一定是期冀与对方有进一步的肉体上的关系，所以才会如此。而如果数次下来对方仍然不肯松懈防线，进入到肉体关系这一步，男人的态度就会急速地冷下来，不舍得再发出邀请了。

再进一步讲，当男人无法得手或者判断出将无法得手时的这种急速冷淡，同开始时的急速升温，两相对照足以得出这样一个结论：男人的态度不是依据对方女性的性格以及容貌，而是依据是否值得作为一个性爱对象而决定的。

理所当然地，这种狩猎本能极强的男人对于被关入家庭这个牢笼的妻子便不再有兴趣，况且无须担心她逃出笼子，当自己愿意的时候却可以随心所欲进行逗弄。猛兽对于掌边的猎物失去穷追猛扑的欲念，说起来也是无奈的事情。

男人们有时候会开玩笑地将夫妻性爱称为“晚上加班干活”“对妻子尽份义务”。对此，或许女性会勃然大怒：“不要侮辱女人！”可是从某种意义上说，这确实可以说是男人的心里话。

以前，笔者曾向一些四十来岁的男编辑问过这样的问题：同妻子做爱的频度是多少？绝大多数回答是：差不多一个月一次吧，有一位甚至回答说最近一年左右都没有做过，其中个别人或许难为情而有所遮掩，但与妻子性爱甚少应该是事实。再问其中缘由，回答则是:“这事儿太累人了”“反正来日方长嘛,有什么好急吼吼的”……

恋爱的时候曾经不顾一切千方百计想与对方共枕同眠，现在对此却懒洋洋的一点儿也提不起劲儿来，这真让人为之瞠目。而这些男人，假使是同妻子以外的其他年轻女性，恐怕性爱的频度就会提高很多吧。

笔者并非要将这个那个的全都归咎于结婚，但是日常化这一现象本身令男人们的性欲退化却是不争的事实。

如此看来，夫妻生活在同一个屋檐下、有过无数次肉体交合之后，男人开始对妻子产生倦怠感，从某种意义上说，是不可避免的结果。

尽管这样，丈夫们不一定因此而打算与妻子离婚。也就是说，夫妻关系除了性爱这条纽带之外，还有其他的东西将两个人结合在一起。

仅就性的倦怠感而言，在一夫一妻的制度框架下，恐怕是难以避免的。但这不能立即断言就一定是坏事，倦怠感换一个说法也就是安逸、宁定感，也是一种息息相通、夫唱妇随的愉悦感，而这种虽不温不火、激情不再，却可以悠闲放松的氛围，难道不正是家庭带给人们的恩赐吗？

然而，近来却有不少妻子叹怨说对丈夫已经没有激情了，或是丈夫根本不把自己当女人看待。既渴求家庭带来的安逸舒适，同时又不肯失去激情，这样似乎也太贪婪了。

如果硬要二者兼得的话，倒不妨观察和思考一下美国家庭的情形。

美国夫妇之间经常爱语嗫嚅、互诉衷情，外出时也基本上是两人同行，从日本女性的角度来看，真是羡慕不已。然而，在这种现象背后却潜藏着冷酷的现实：一旦爱情冷却下来，美国夫妇会毫不犹豫地离婚。夫妇同去参加派对时，不论已婚未婚，男人可以随意搭讪其他女性，女性也可以随意搭讪别的男人，丈夫会不时遭到其他女性的挑逗进攻，妻子也会频频地遭到其他男人的挑逗进攻。正因为时常怀着一种紧张感，夫妇间才会时常保持着激情，而一旦爱情降温，不等它消失，双方便迅速解除婚姻关系。

当然，这也是一种爱情的经营方式。夫妻相互对对方不敢放松，因而需要极大的精神能量。事实上，因此类不安和紧张而接受精神治疗的美国人俯拾皆是。为了维持婚姻关系，无论男人还是女性都付出了相当大的努力，尽管这样，离婚率还是居高不下，并使得子女教育问题也变得极为复杂。

两种家庭形态究竟孰优孰劣不能简单地下结论。至少就日本目前的情形而言，即使夫妻间的性爱消失，也不必急于断言这便是倦怠期，从而将情况看得非常消极。

结婚后性爱次数逐渐减少，从男性的角度来看是很正常的。所以当这个时期来临时，与其觉得是一种倦怠，不如因此而感到安心，因为这正说明双方的信赖关系在一步步深化，这才是一种更加现实，更加积极的态度。

当然，讨厌这种不温不火、没有激情的生活方式的人可以选择离婚，去探索另一种全新的生活方式，这也不失为一种解决问题的方法。究竟何种生活方式更适合，取决于各人的性格、价值观念等，而无法笼统地判定孰优孰劣。

如前所述，精神和肉体都像火焰一般炽烈燃烧，即全情投入的爱，是不可能永远持续的。加上置身于结婚这种安定的状态中，爱情之火自然会渐渐平息下来，取而代之的必定是熟稔和倦怠悄然而至。婚姻原本就是平淡无奇的日常生活的单调重复，双方都会逐渐视对方的存在如同空气和水一样，而那种所谓“绝对爱”势将渐行渐远，这便是婚姻背后潜藏的危机。

所以说，结婚数年后丧失了激情是极为正常的结果，如果因此而认为结婚似乎没有什么意义了，则等于是否定了婚姻本身。说得更加简单些，绝对的爱历经岁月的漂荡凌越，最终也会变得像日常的爱一样平淡无奇。

凛子是通过婚姻生活痛彻地认识到这一点的。爱是飘忽不定的，所以她并不期待与久木再婚，而为了贯彻绝对的爱，她宁愿选择死亡。当然，因为她是个稍许有些偏执和自恋的女性，所以对死怀有一种向往，而现实生活中是很少有人为了绝对的爱去死的。

可是当夫妻间失去激情的时候，大多数妻子却不认为这是婚姻制度的必然宿命，而是抱怨丈夫负有责任，或懊悔自己当初太年轻，错看了人。她们坚信，世界的某个地方一定有一个更加深爱自己、可以成就绝对之爱的人在等待自己，如果不是现在的丈夫，而换成这个男人的话，即便结了婚也一定能够保持绝对的爱。结果，这种绝对爱的对象另有其人的期待导致她们渐渐产生了出轨的念头，这种情形也不少见。

如今，“适龄期”的观念日渐淡薄，什么不结婚就会不容于社会，甚至自己也会觉得羞耻的时代一去不复返了。不过正因为如此，多次恋爱却不轻易结婚的女性也多了起来，她们中间，有的人并不奢求绝对的爱，但只希求一种不会陷入倦怠和惰性的爱，她们期盼着令人愉悦而又充满张力的婚姻生活。在这种期待的作用下，尽管反复恋爱多次，却总觉得“不是他！一定还会有人比他更能够理解我”。由于理想过高，致使她们迟迟结不了婚。而年龄越大，她们对于爱情越发苛求完美，男人在其眼里不是有这个毛病便是有那个缺陷，横看竖看不满意，挑挑拣拣，眼光越来越挑剔。

总之，和男人比起来，女性对于绝对的爱的期冀更加强烈，有时即使明知绝对的爱难以持久，但恋爱中的绝大多数女性都切盼至少能将其保持得长久一些，再长久一些。

那么如何才能实现这一愿望呢？答案可能是残酷的，那就是不结婚。让·保罗·萨特与西蒙·德·波伏娃[1]就是如此，弗朗索瓦兹·萨

1 让·保罗·萨特（Jean Paul Sartre，1905—1980）：法国20世纪最重要的思想家之一，存在主义哲学的大师，其代表作《存在与虚无》是存在主义哲学的巅峰之作。他同时还是优秀的作家、戏剧家、评论家和社会活动家。西蒙·德·波伏娃（Simone de Beauvoir，1908—1986）：法国20世纪最有影响的女性之一，存在主义学者、文学家，曾发表著名的“独立宣言”，宣称“我绝不让我的生命屈从于他人的意志”。

冈[1]小说中的主人公们也是如此。然而在守旧和缺乏浪漫主义氛围的日本，这些会被斥为有悖道德的行为，因而只会遭到人们的唾弃。

于是众多女性只能在婚姻的框架之内寻求安逸和绝对的爱，企望两不落空。或许她们认为，结婚之后，可以同心爱的人朝夕相处，这样会有利于培育更加亲密无间的绝对的爱情吧。换句话说，作为成就绝对之爱的手段，结婚也不失为一条很不错的途径。

然而婚姻生活并不能保证顺畅地一路直达绝对的爱。

让我们再回到绝对之爱的定义上。两个人心无旁骛，肉体与精神同时全情燃烧、全情投入，相互深爱——这样的爱情我们称之为绝对的爱。毋庸赘言，这种爱除了炽烈的精神之爱，同时包含了浓烈的肉体之爱，要想维持这样的爱情关系，双方都必须倾注相当的精力并投入不懈的努力。

在家庭生活中，女性时刻保持美丽的容颜和优美的举止，使丈夫永远也不生厌倦，这是非常困难的事情。婚前约会的时候，女性自然是精心装扮自己，但是结婚后步入了平稳的生活，难免会发型不整、衣装凌乱，加上对对方不必再近乎神经质地反应敏感，因而结婚前竭力克制的一些习惯和任性的毛病逐渐暴露无遗。此时，男人怎么可能依旧以同样的张力时时刻刻对妻子怀有性的欲望呢？

1　弗朗索瓦兹·萨冈（Francoise Sagan，1935—2004）：法国畅销女作家。1954 年发表小说《你好，忧愁》，荣获当年法国“批评家奖”，并被翻译成二十多种语言，在全球销量高达五百万册，还被改编成电影，成为轰动一时的文化事件。

女性可能会觉得，就算有这些毛病，但是丈夫爱自己，就理所应当连同自己的缺点一起包容，一起接受，一起爱，这样才称得上是绝对的爱。但是对男人来说，这样委实太强人所难了，坦率地讲，这是做不到的。因为男人这类动物假如对女性缺少了性的美好幻想，就无法与对方持续保持性爱关系，而且这种性幻想是极为精神性的，一丁点儿的小事就可能将其彻底摧毁。

以下是从某个女性那里听来的真实故事。有段时期，她与A男子恋爱，两人在性爱方面也算美满，本以为这种关系将会一直持续下去，她对此充满了期待。某日，两人上床的时候，A男子突然悻悻地冒出一句："我看我今天可能做不了。"究竟是怎么回事？后来她才知道，原来当时她臀部粘上了一小片卫生纸。大概是她上洗手间的时候，不慎将卫生纸弄破了，不知怎么的就粘在了身上。

"从那以后，他就开始尽量躲着我，最后两人还是分手了。可是男人因为这点小事儿就至于那么败兴吗？他和我分手，真的是我身上粘了一点卫生纸的缘故？"她这样问我的时候心里一定将信将疑。对此，回答绝对是"YES"，男人对此都会有同感。因为就在那一瞬间，A男子对她的性幻想破灭了，自然再也提不起情绪来了。

如果反过来，男人臀部粘上卫生纸的话，相信女性不至于因此而厌恶起原本深爱的男人，并与之分手吧。这便是男人与女性的巨大差异，也可以说是男人的任性之处，但男人的性幻想的确会因为一些小事儿而霎时间破灭。

如此看来，所谓绝对的爱其存在形式对男人和女性来说也是不同的。如果一个女性爱一个男人爱到极致，便坚信自己的爱是绝对的爱，对于对方的一切她都可以包容接受，胸襟变得无比开阔。换句话说，女性在其对异性的爱之中，还包含了一部分类似母爱的感情。反之，男人不管多么深爱一个女性，也会因某些琐事令其激情消退。或许女性正是因为知道这一点，不论是无意识的还是有意为之，她们才出于不安而企盼以结婚这种形式将感情定格下来吧。

然而具有讽刺意味的却是，只要走进婚姻这个“牢笼”之内，绝对的爱就必然会逐渐淡薄。因为男女共同生活在一个屋檐下，在受到法律保护的安定环境下，爱情的张力理所当然就会减弱，况且日常生活中能够摧毁男人性幻想的因素多得实在数不胜数。即便结婚之前两人之间确实存在近乎绝对的爱，但随着婚后共同生活的持续，丈夫对于妻子的性幻想也会逐渐消逝，爱情变质为一种熟稔的、亲密无间的亲人关系。

以性为业的很多风尘女子深知男人的这一特性，故此处处小心，事事谨慎，竭力不去打破男人的性幻想。据某个酒廊的女老板说，她和交往多年的情人一同去旅行时，绝对各住各的房间，即使做爱，完事之后必定回到自己的客房，因为她担心自己夜晚睡觉时发出鼾声，或是睡相不好，会给对方留下坏印象，从而击碎其性幻想。第二天一早，她又会精心装扮，穿戴得整整齐齐出现在情人面前。她就是这样时刻注意。

写到这里，脑海里已经浮现出女性满脸怒容的形象：“这不是媚悦男人吗？丢失做女人的尊严！”女性为此愤怒是可以理解的，不过女性即使结婚后在这些细节上的确还是应当注意，男人从某个方面来说其实是很天真的，仅仅此类小事儿就能令其心中大悦，又何乐而不为呢？当然，这不仅仅是针对女性要求的，作为男人也应当时刻注意。

尽管如此，男人们并没有彻底否定婚姻，即使结婚是作为对绝对之爱的一种妥协，它仍然具有存在意义，对于男人而言依旧是件十分值得重视的事情。不过男人在婚姻生活中同妻子长期保持性爱的关系，或许并非是因为对妻子存有性幻想，而是为了生育子女、形成一个真正意义上的家庭，传宗接代的目的所占比例更多一些吧。当然，他们是对妻子有爱意才想到做爱的，但随着岁月流逝，爱的内涵也会慢慢发生变质，男人对做爱渐渐会敷衍了事，视其为一种义务。因此，结婚之后男女之间的爱渐渐地就变成了一种妥协的爱。

但妻子们没必要对此深恶痛绝，除了爱，现实生活对于她们也是十分重要的，尤其是孩子降世后，妻子又会以孩子为中心构建起一种新型的家族之爱。这种爱已经完全不同于以性和肉欲为前提的绝对的爱了。但这无关紧要，夫妻关系中性爱当然重要，而一旦性爱逐渐减弱、逐渐消逝，男女双方依然是对方最重要的生活伴侣。

总而言之，想要维持绝对的爱，男女双方都必须付出相当的努力使之一直保持张力，而在目前的婚姻生活形态下这或许是极度困难的事情。

如之奈何？

作为一种解决之策，平安时代贵族间流行的走婚式通婚或许是较为理想的婚姻形态，但是考虑到日本如今的居住条件，也绝非易事。

如此一来，所谓绝对的爱仅仅是一种瞬间的幻影，完全不足以对抗岁月而成为一种永恒的存在。

尽管人们逐渐认识到这一点，但仍然对绝对的爱怀有深深的憧憬，拥有着一个无法实现的梦想。无论两个人是否真的同生共死，但为了对方甘愿舍身的爱情本身是值得可歌可泣的，爱一个人爱到燃尽自己生命的程度，并由此而获得其他任何事情无法替代的精神上的充实感，从某种意义上说，人生中如此强烈的情感体验可以说是绝无仅有的。

斗转星移、物是人非。有的人曾经拥有燃烧生命的那么一瞬间，有的人却不曾拥有过，作为一个人，谁更幸福？何者人生更加丰富多彩？想必应该是不言自明的。

·第十四章·

分手的形式

“华丽分手”只是一种美丽的幻想，分手中暴露出各人利己和丑陋的一面是再正常不过的。

“相逢是分手的开始。”正如这句俗语所说，人生有邂逅就必然有分别，爱上某个人，终有一天也会不可回避地直面分手这个宿命的结局。当然，没有一个人是一开始就打算分手而爱上对方的，邂逅当初谁都企盼着爱情天长地久，但随着时光流逝，这个宿命的结局说不定便悄然降临到两个人身上。

说到分手，不少人会觉得：既然注定分手，不如潇洒地分手。日语中有个词叫“华丽分手”，听上去很美，但似乎过于华丽反而令人觉得有些不可信。尤其是性爱关系陷得很深、相互间真心相爱的男女，实在无法做到华丽，因此而发生感情龃龉或口角争吵是不可避免的。

倘若真的能够华丽分手，那一定是双方的爱情基础极其薄弱，互相爱得不深的缘故，或是相互对对方产生了厌嫌，分手的意愿同等强烈。除此以外，几乎是不可能的。当双方各自另有其人的时候，分手就会变得异常爽利，没什么拖泥带水的。不过类似这样双方同时、同等程度地厌嫌对方的事情实在罕见，大多是一方先厌嫌对方，产生了分手的念头，而另一方则依旧藕断丝连、依依不舍。

因此一般来说，夫妻分手就是在这样的扯扯拽拽中进行，只要有一方的依恋和不舍超过另一方，就无法顺顺当当地分手，结果往往是最后即使分手，但在其过程中也麻烦不断、纠葛连连，有时候甚至会演变成一场激烈的格斗。

可以说，“华丽分手”只是一种美丽的幻想，分手中暴露出各人利己和丑陋的一面是再正常不过的。

总之，男女分手不仅是令人遗憾和痛苦的事情，而且非常消耗人的精力，最好是不要去体验这种经历。然而男人和女人邂逅，不仅有美妙的爱情，分手也是无法回避的。因此，如何跨过这道坎，对一个人的人生有着极其重大的影响。

一言以概之，笼统地都称为分手，但不同年龄的男女对其有着不同的理解，分手的理由也多种多样。

例如，二十岁上下的青年男女，双方尚没有结婚的意识，纯粹是从喜欢不喜欢的角度决定交往或者是分手的。从这个意义上讲，他们的选择范围极广，相互间接触和交往的机会非常多，但最终分手的概率也非常高。也就是说，即使他们与异性开始交往，但因不需承担巨大的社会责任，没有负担，所以感情会经常依其人其时的心情而自在地变化。

稍稍年长几岁，到了产生结婚意识的年龄，虽然感情上喜欢但是因不适合做结婚对象而分手的情况便多了起来，分手的过程也变得更为复杂。再进一步，结婚之后男人就会背负包括孩子在内的家庭这副担子，加上还有各种社会关系夹杂其中，分手的原因同单身时期大不相同。

尽管如此，不论哪个年龄段的男人，在分手时却有一些共通的男人特有的心理以及行为方式，同女性的相比有着很大的差异。

首先，男人是一种极其害怕孤独的动物，具有天生的结群倾向。这其中也有着男人一般都自小不干家务活儿，独自一人生活会感到非常不便的原因，基于这个原因，他们对分手也会显得犹犹豫豫。

其次，男人年轻时性的欲求较强，失去能够与之保持性爱关系的女性，对他们来说是非常致命的。因此，无论对眼下交往的女性的爱情是否已经淡漠，只要没有寻找到新的合适的女性，男人是不会下决心分手的。这是男人特有的行为方式，即使爱情淡漠甚或已经消失，但性爱可以是另一码事情，有时他们仍可能若无其事地向对方提出要求。

明明存在诸多不愿分手的理由，男人却仍提出要分手，那么毫无疑问他一定是另有其他女性了。

而女性则完全不同。女性假如感觉双方性格不合或是对对方产生了厌嫌，不论是否寻觅到新的目标，首先考虑的是与对方分手。此外，决定分手的时候，女性大多会十分明确地向对方提出，并且毫不隐讳地告之理由，而男人一般都显得态度暧昧，几乎没有一个男人直截了当对对方说出“我不喜欢你了”之类的话。

这是因为男人存在着“男人不可对女人说令她伤心的话”“男人爱护女人是理所应当的”这样的潜意识，加上许多男人优柔寡断的性格，所以往往在分手时表现出暧昧不清的态度。

故此，女性领会不到男人的真意、产生误解的情况也很多。

男人打算分手时，在行动上表现出来的变化首先是电话和约会的次数大不如前。如果女性询问：“你为什么最近电话也不来一个？”男人往往会编造另外的理由来搪塞，比如“工作忙嘛”，不少女性对此还真的信以为实了。可是无论工作怎样忙，不可能连打一通电话的时间都没有，实际上在开始交往之初，电话联络得异常殷勤，工作再忙也会挤出时间见上一面的，因而随便找个工作忙的理由来搪塞实在是滑稽。

此外，男人开始显得缺少温情，不那么体贴关怀了。例如，以前若女性提出想去什么地方转转，男人会毫不犹豫地立即陪她前往，而现在则是充耳不闻，根本不往心里去。不过容易使人困惑的是，当两个人关系发展到非常亲密的程度时，由于不必担心关系会轻易破裂，男人有时也会对女性的要求显得漫不经心。两者表面看很相似，内容却似是而非。

出现以上两种现象，基本可以看作是男人一方亮出的分手黄灯。不过在这个阶段，两人的关系仍有可能修复，这要视女性的态度而决定。

然而，如果男人话语间一方面拼命贬低自己，同时又竭力抬高对方，例如：“我是个没出息的男人，像你这么好的姑娘跟了我太可惜了”“我比你想象的还要坏哩”“我实在配不上你”，等等，这时候就几近是红灯了。男人说这样的话与“我讨厌你”基本上属于同义语，若事已至此，就很难再令两人的关系回复到从前一样了。

不明究竟的女性或许会对男人说：“没有啊，我一点儿也不觉得你没出息。”男人一定会想：怎么有这样迟钝的女人哪！

总之，到了红灯亮起的阶段，男人便懒得对女性解释什么，说话也不再和颜悦色。有时候女性半真半假地问：“你是不是和别的女人约会啦？”男人也不做辩解，至多发发怒：“你真烦！”或者不耐烦地说道：“随便你怎么想！”如果这样的话，则事态已经到了相当严重的地步。

但尽管如此，大多数男人仍然不会主动说出“分手吧”这句话。假如女性抱怨说：“你这样做真的很过分。”男人则会顺着对方的话头挑衅似的大言不惭地说道：“没错，我就是这样的人！”

试图以这种暧昧含糊的语言来表达分手的意愿，这与其说是男人对女性的体谅，莫如说是男人不想承担分手的责任，不愿意做恶人，十足暴露出男人的狡诈。

这种场合，绝大多数男人都希望由女性翻脸说出他们想说的话，而不愿由自己来担这个罪名。他们在等待着女性主动说出这样的话：“像你这样的人，我没法和你一起交往下去了，我们分手吧！”

由此看来，男人和女性相比，一方面可以说更善于装腔作势、狡诈，但换个角度看，则又可以说男人更加懦弱，因为他们不敢直面地说出任何可能伤害到对方的话。

一旦男人产生了分手的念头，或者已另有所爱，他的心是否就彻底飘悠而去不再回归？事实上并非如此。这也是男人的滑稽之处。

男人同女性交往并不是非此即彼的单项选择，而多是希冀能与复数女性保持关系，从而进行对照和比较。例如，假定某男人在与A姑娘交往，此时B姑娘又进入他的视线，而他觉得B姑娘更优秀。这种场合，男人自然更倾心于B姑娘，同A姑娘的关系渐渐冷下来，约会次数明显减少。然而男人并不打算同A姑娘彻底分手，虽然与A姑娘的约会次数有所减少，但时不时地还会与她见面，八成心思已经从她身上游离开来，但仍然存着二成的眷恋，故而不肯就此与A姑娘彻底分手。因此，只要时间和金钱允许，男人虽然交往的重心偏向了B姑娘，但同A姑娘还是保持着交往，甚至如果再有C姑娘登场，男人不排除会演出一场“三人行”来。而若与B姑娘交往下来，却发现还是A姑娘更加温柔善良，于是可能重新回到A姑娘身边，或者因为同C姑娘交往不顺利，不得已又回到A姑娘身边。

类似这样挑挑拣拣、逢迎于多个女性之间的事例可以说不在少数。

这种情形毫无疑问属于“脚踏两条船”，甚至是“脚踏三条船”，可男人只要状况容许，就很容易做出这样的事情。一方面是因为他们对于之前交往的女性难以割舍，另一方面则与他们的生理特性有关，他们对于同时与复数的女性交往毫不感觉心中有愧。

女性中也不乏同时与多个男人交往的人，但是绝大多数女性只要喜欢上新的目标，立刻便会与前面的男友说拜拜。这一点上男人和女性是大不相同的。

女性若说得好听些是更重视纯洁，说得严苛一些则是残酷无情，当她们与男人分手的时候，可以若无其事地将最刻毒的话抛向男人："我再也不想看到你的脸！""告诉你，我不再爱你了！"男人则是，即使感情大部分已经移向新的女友，但是对前面的女友仍不免留有些许眷恋，如果不是逼到极点，绝不会脱口说出这种话。

总之，男人移情别恋爱上其他的女性，但一般仍同前面的女友无法彻底分手，重新回到前女友身边的可能性不是不存在，就看女性如何把握事态的发展了。故此，当发现他开始与其他女性变得关系暧昧时，倘若真的不忍失去他，那么过激地责骂或对他断念放手都无济于事，想尽一切办法去修补两人的关系才是上策。

不少女性碰到这种事情往往难忍怒气，狠狠地数落对方，有时候因嫉妒而做出一些令男人深恶痛绝的事情，反而会使得事态进一步恶化，最后彻底终结掉两人的关系。

女性时常说"一定是因为我的爱让他觉得成负担了"，但导致男人分手的原因很少仅仅是因为负担，即使偶尔会有一种负重的感觉，但毕竟由于对方对自己爱之深，爱之切，而不顾一切地甘愿为自己做任何事情，男人不会对此感到厌烦。如果对方感情过于炽烈，男人会感到些许不自在，但想到对方为了自己而尽心尽力，也就不好意思断然拂之了。在这方面女性也一样，当男人全心全意奉献出他的爱情时，女性一定会感动："既然他这样做都是为了我……"

从而心肠软了下来。

当女性有意结束两人的关系时，男人多少能够觉察到其心思，除非是感觉异常迟钝的男人，因为女性对于恋爱和感情是很正直的，心飘走了，一定会从她的话语或行为上清楚地表现出来。这同先前所述的男人的暧昧含糊相比，在这一点上女性不具有暧昧性。

此时男人会心慌意乱，想方设法地挽回她的心，但如果女性尚处在犹豫彷徨的阶段可能还有戏，但若是已经下定决心，再想让对方回头是极其困难的。

然而男人总是以自己为基准去揣摩女性的心理，觉得即使心一时飘走了，但仍有挽回的可能，这样往往会令女性感觉“真缠人”“可怜虫”，反而更生疏远之心。

通过分手之际的言行来观察男人和女性，可以看出，男女对于爱情的态度明显存在差异：女性爱情萌生时激情高昂，炽烈燃烧，而一旦心有他属的时候，便会毫不含糊地将对方弃若敝屣；与之相比，男人的爱情一般都不如女性来得炽烈，但是熏熏和悦，眷恋绵长，说得通俗些就是轻易放不下。换言之，女性对待爱情纯真且毅烈，而男人则拖泥带水，不爽利。

总而言之，分手一般来说都不是顺顺当当即能如愿的，但是也不能因此就认为分手是件悲伤的、消极的事情。虽然不少人在经历分手时会感到情绪低落，感情受到伤害，有时甚至暴露出双方的种种缺点和丑陋之处，并且留下很负面的记忆，但是男女从邂逅到相爱，即使结果以分手而告终，也绝非坏事。因为两个人的相互碰撞、相互斗争，不仅可以增长见识、丰富人生经验，同时还是了解自己的最好途径，同既没有体验过爱情也没有体验过离别的人相比，有过分手体验的人记忆丰富，更加珍视感情，对人的心理以及人生都会有更加细微透彻的洞察力，这不能不说是成长过程中难得的机会和宝贵的经验。

爱情给人带来的不仅仅是正面的、积极的东西，有的人因为爱而受伤、消沉，甚至对周围的人产生厌嫌心理，难以适应社会。这方面情形因人而异，百态纷呈，不能一概地断言究竟是不是爱情的错。

但有一点是不可置疑的，那就是即使受伤，也要重新振作起来。

就像叮嘱家人安全驾驶一样，日本的大多数父母们总希望子女不要经历让人受伤的爱情，他们不能容忍发生这样的事情。尽管这完全是为子女的幸福着想，却令人感觉器量过于狭小了。

只要具备跌倒了再爬起来、受了伤重新振作起来的信念，爱情受伤就能成为人生的巨大财富。经过时间的积淀，分手一定会为其人生增色，散发出芳醇的气息。

如果说邂逅是分手的开始，那么分手则是与一个全新的自我邂逅的开始，它一定会使人生更加积极，更加光明，不断勇往向前。

·第十五章·

梦与现实

梦想和现实之间有如云泥，即使早已有此心理准备，但往往现实比想象的还要差之千里。

根据一项调查，有过与丈夫离婚念头的女性，结婚 5 年时其比例达到 40%，而结婚 10 年后比例更是高达近 70%。在这些女性中，有的将此念头付诸实际行动，同丈夫离了婚，有的则并没有离婚。这期间的差异缘何而来？每对夫妻有每对夫妻的实际情况，因而原因各异，但是从这个数字中却可以看出，婚姻生活对女性来说，并非只有诱人的玫瑰色。

离婚的形式林林总总，从“成田离婚”[1]到中老年夫妻的离婚，不一而足，根据双方的年龄、结婚年数、有无子女等具体情形，离婚的理由也各色各样。近年来离婚似乎演变成一股社会风潮，尤其是年轻一代的离婚率节节攀高，令父母一辈对子女的结婚和离婚越来越看不懂了。

1 “成田离婚”：“闪婚”的对义语，意即“速离”。原意为新婚夫妇前往海外蜜月旅行时在成田机场（包括在海外旅途中）因种种琐碎小事发生争吵，终至离婚。1997 年富士电视台播出由草彅刚、濑户朝香主演的电视连续剧《成田离婚》，使这个词迅速传播。

经过三四年的漫长恋爱有情人结成眷属，结果未满一年就草率离婚——这种事例如今已屡见不鲜了，近来在年轻夫妇中还有增无减。每当听到这样的事例，笔者便痛感恋爱与结婚竟是如此地截然不同，同时深切地觉得，男女在交往期间，双方都必须更加冷静，从而对对方认识得更加透彻一些。

快速离婚的情况，往往女性提出的占多数，理由基本上是“没想到他是这样的人”。尽管交往时间不短，自以为了解对方的性格习惯等，但是在一起共同生活之后，却发现看到的是完全不同的另一面。所以说，恋爱期间的男女都是竭力展示自己美好的一面，以及容易将对方的性格或言行尽力往好的方面去理解。

男人当然也会有“没想到她是这样的人”的不满，例如，“交往的时候看着人挺勤快，可是结婚后根本不做家务活儿”“原先好像性格蛮温柔的，谁料想一结婚就凶悍起来”，等等。不过实际情况是，男人尽管也有不满，但似乎并没有产生一种美梦破灭的感觉，更很少因此而马上提出离婚。

同样不满，为什么女性结婚后一旦产生不满立即就想到离婚呢?

首先可以举出的一个理由是，女性大抵来说对于结婚的期望或者说梦想远远高过男人。这种倾向在婚礼仪式中也有体现。据说最近在演艺界开始流行“朴素婚礼”，但是绝大多数普通女性仍然向往那种盛大而奢华的婚礼。对年轻女性来说，婚礼是一生中仅此一次的大戏，而且自己是戏中的女主角，因此总想办得气氛热烈而场面豪华些，这也是无可厚非的。

然而在男人中却流行着这样的说法："男人不能让婚礼成为自己人生最盛大的舞台"，因而婚礼过分隆重不仅自己会感到遭罪，还会遭遇周围人的冷眼。这其中的缘由是，男人们无一例外都这样认为：有朝一日在事业上有所成就，得到社会的认可，这时候才是男人踏上人生最盛大的舞台之时。

基于这种观念，男人们会觉得结婚不必搞得过于奢华，一切从零开始，渐渐积累起社会经验，在事业上做出一番成绩，最终凭借自己的实力拥有自己的住房——这个过程对男人来说极具成就感，会感受到一种精神上的充实，所以完全没有必要一开始便样样齐全。这就是作为一个社会人的男人的理想，通过自己的努力创造一切、拥有一切，这样才感觉到满足，这或许就是男人特有的本能欲望。所以在新婚阶段，只要有贤惠妻子的鼎力相助，哪怕暂时生活得俭朴一些，为了获得幸福的未来，他们也会信心满满地不停努力。

然而，多数女性却强烈期望婚后的生活水平更好于结婚之前，并对此非常执着。如此一来，男女双方对于婚姻生活的梦想从一开始就产生了差异。

与从前不同，当代女性大都比较奢侈，比较会享受生活，她们结婚前动不动就出国旅游，醉心于名牌首饰、服装、皮包等，或者出入高级餐厅。她们中不少人认为，结婚后与心爱的人共同分享这样的快乐生活，幸福感也会倍增，而从前的女性往往因为"只要跟这个人生活在一起，再苦也能承受"而结婚的。两相对照，可以看出女性的婚姻观已经发生了巨大的转变。

因此，对于恋爱时陪自己到处游逛，可一结婚就非但不再陪自己玩还说什么“要节约一点过”的丈夫，当代女性忍不住牢骚满腹：“一结婚他就开始约束起我来了”“没想到他竟这么小气”，由此对婚姻生活产生了失望。

此外，近年来有些年轻人在恋爱中不只是对女性体贴入微，甚至到了竭力讨好对方的地步，女性则泰然接受，认为是理所当然的，动辄对男人颐指气使。可是结婚后，丈夫不再甘于低三下四、言听计从，时不时会提出自己的主意，希望对方这样，不喜欢那样，等等。从妻子的角度来看就成了“他一结婚就变了样”，心里难免有种上当受骗的感觉。

总而言之，女性期待结婚后幸福感也随之倍增，而大多数男人却认为结婚后就不可能像以前那样心浮气盛，必须踏踏实实去经营两个人的幸福，因此男人婚后大都会收心，不再游手好闲想些不切实际的事情了。这样，夫妻之间就不可避免产生分歧和摩擦。

一般来讲，丈夫们即便不认为接受妻子娘家经济支援是可耻的事情，也不会觉得安心。相反，近年来的女性们却憧憬着婚后的生活能像恋爱中一样，坐在高档家具环抱的客厅，使用精美的餐具，夫妇二人品着进口的葡萄酒……为此，她们可以厚着脸皮向娘家要这要那，还得意扬扬地在丈夫面前炫耀那些餐具、皮包等：“瞧！这是爸爸买给我们的。”丈夫如果劝她：“还是在我们力所能及的范围内自己买吧！”妻子就会觉得仿佛头上浇了一瓢冷水似的。

相信读者中间也有不少人的女儿婚事将近或新婚不久，尽管你们自己新婚时代的生活非常俭朴，甚至可以说比较艰苦，所以不希望自己的女儿生活上有一点点支绌。然而如果对她们宠爱过分，就难免会令妻子在经济上优于丈夫，由此造成妻子居高临下对丈夫颐指气使的结果。

早些时候，对男人而言结婚就意味着彻底的独立，社会的一般风气也认为要想支撑起一个独立的家庭，夫妻就必须靠自己的努力去克服一切困难。然而近年来男人的观念也发生了变化，少数男人从一开始就指望妻子的娘家给予经济支援，好让小两口轻松地过上富裕而舒适的生活，这背后的原因即是从小就习惯了物质丰裕的生活，对于结婚后可能遇到的困难毫无心理准备，也不想努力去奋斗。这种男人与前述依靠自己的力量构筑一个家庭的男人截然相反，他们非常现实，认为与其吃力地去努力拼搏，倒不如向父母低头来得轻松。

然而，父母既然出了钱便忍不住总想表达自己的意见，这也是人之常情，可弄不好就会干涉子女的生活。无论是儿子还是女儿，让父母出钱买了公寓房子，就不得不听从父母的意见，这样婆媳之间就会发生矛盾，妻子对于一味顺从父母的丈夫心生怨气："没想到他是个有恋母情结的大男孩！"于是由失望而导致离异。

既想过得富裕舒适又不想受父母干涉，这种任性而自私的想法恐怕是无法实现的，只能进行某种妥协。正因为年轻夫妇一开始就贪图安逸，希望应有尽有，所以才会有这样的结果，加上父母的助长，将使这一问题变得更为复杂而深刻。

总之，结婚并非只有诱人的玫瑰色，婚姻生活中难免也有艰辛。即使男女两人真心相爱，结婚也可能使之前的生活环境发生很大的变化，容易造成心理不适以及种种焦虑、不安，这是情理之中的事情。生活中夫妻间互相谦让，在有些方面做出让步，两人才能慢慢地构筑起和谐的关系，在无数次如此的反复中，终于寻找到一种让双方都感到轻松舒适的相处方式。夫妻必须做好大约需要三年时间才能达到这一步的心理准备，而在这期间无论发生多少矛盾，都要尽力忍耐，试着去克服它。

夫妻间的矛盾无非是些只要一方让一步就能够解决的问题，因此两人沟通是最好的解决方法。近年来，年轻人似乎变得不善于应付冲突，或者说变得尽力回避争执，回避矛盾，不少夫妇本来想说的话、应该说的话也不说，相互间只说些无关痛痒、不伤和气的话。由于这一代人兄弟姐妹少，又没有经历过不受约束尽情撒野的儿童时代，所以特别害怕受到伤害，不敢与对方直面对峙。但是分别在不同的价值观和环境中成长的男女走到一起共同生活，冲突是不可避免的，正确的做法是通过争执使得两个人加深互相理解，从这个意义上说，争执和冲突也是一种宝贵的沟通手段，要有勇气去面对和接受它。

不知从什么时候起，“成田离婚”一词似乎已经深入人心。那么为什么会出现这样的现象呢？

一般而言，“成田离婚”的夫妇多数是经人介绍相亲结婚的，他们离婚的最主要理由还是“没想到他是这样的人”。而这里所说的“这样的人”，大多即指难以摆脱恋母情结的男人。

不过，若是对“恋母情结”进行深入探讨的话，就会发现，它其实不仅仅是字面意思所能全部包含的，还是隐藏了更为复杂的当代男女关系问题。

如前所述，近年来女性在婚前出国旅行早已是司空见惯的事情，而且不止一次两次，不少人几乎每年都出去。她们中的许多人是“见过大世面”的，并且熟知各种相关的信息。而相比之下，男人大多不及女性那样富有出国旅行的经验，不少人是新婚蜜月旅行时才第一次出国。因此，一到国外，丈夫不免心中七上八下、惴惴不安，选择餐厅、酒店等事情往往推给妻子去打交道，大多数妻子本来指望丈夫带自己去玩的，结果非但指望不上，连照着菜单点个菜都迟疑不决。新婚妻子眼见这样的丈夫毫无安全感，想到自己的人生岂能托付给这样的人，于是对婚姻生活的幻想完全破灭了。

不过，尽管男人在诸多小事上暴露出靠不住的弱点，但是只要足够坚强，基本具有引领女性的男人气概和包容力，应该不会有大问题的。自然，所谓的“男人气概”不仅包括坚定的信念和器量等，性爱方面的魅力也是一个重要的内容。

从某种意义上说，结婚就是将一个原本属于她亲人的女性从其亲人身边拉向自己的艰巨工程，在此过程中，最为有效，最具有决定性作用的便是性爱关系，这是女性同她亲人之间不可能拥有的关系。性爱可以超越千言万语，将男女两个人牢固地结合在一起。

恋爱结婚的情况，大多两人在交往时已经有过交合，而相亲结婚的夫妻有的直到结婚才交合，此时，蜜月旅行就是两个人开始构筑性爱关系的重要开端。从另一方面讲，性爱是男人展示自己男人本色的唯一战场，如果男人在交合过程中表现糟糕甚至根本无法交合，那么不仅使男人颜面全无，还会导致妻子走上离婚之路。因此可以说，“成田离婚”或多或少反映出夫妻在性爱方面隐藏的问题。

下面是某位经历过“成田离婚”的女性讲述的真实故事。

她是经人介绍与后来的丈夫认识的，从结识到决定结婚一直到举行婚礼，两人之间至多只接过吻，他从没对她提出过更多的要求，如果男方提出，她没打算拒绝。由于是经人介绍认识的，她以为本来就是这么回事，所以对男方不提任何要求也不觉得奇怪，甚至还更增几分好感。对方毕业于日本一流大学的研究生院，家庭状况良好，为人很本分，女方当时很为他的儒雅和有教养而感佩。

婚礼的当天晚上，双方都感觉有些疲倦，加上婚宴之后又喝了许多酒，第二天一早还要赶去成田机场，于是当晚各自休息，她并未觉得蹊跷。第二天，两人按照计划赴欧洲蜜月旅行，飞机抵达目的地已是深夜，他对她说：“飞机上没睡着，时差也没倒过来，感觉很累，今天就早点休息吧。”她心想是呀，仍未发觉有什么不对劲儿。

然而到了第三天晚上，还是什么事情都没发生。她开始觉得奇怪，于是对丈夫说：“你怎么了？我们已经是夫妻了呀。”丈夫这才告诉她，原来他阳痿不举，根本没法做那事。据他讲，结婚前因为神经高度紧张，所以无法勃起，但心想与心爱的人结婚后，两人一同旅行，心情放松了一定就会没事的，没承想还是不行。

她听了后安慰道：反正现在已经结婚了，今后时间多的是，两个人一起慢慢想办法。没想到他竟哭了出来："其实我很痛苦。本想告诉你的，但是怕告诉你之后结婚的事情会泡汤，所以才没说出口。"说完，转过身背对着她自顾自睡了。这让她感觉十分受伤害，本来并没有责备他的意思，只是希望两个人慢慢想办法解决，没想到他竟这样对自己，将自己抛在一边弃之不顾，实在让人受不了。这种时候，当他说完"我很痛苦"之后，至少应该搂紧自己，或者拉住自己的手，安慰她几句，那么她就会当作什么问题也没有发生，更不会想到与他离婚的。

她在讲述的时候显得十分遗憾。最终，她觉得对方"只考虑自己的痛苦，却一点也没有顾及我，根本谈不上关怀体贴，这样任性自私的人我实在不能忍受"，于是两人办理了"成田离婚"。

这位女性并不是因为丈夫性无能才与他离婚的，而是看透了对方的本性，感到与他无法共同生活下去才离的婚。

从这个实例中我们可以看到所谓"当代优秀青年"的真实面目：从小学到大学毕业参加工作，他们没有经受过大的挫折，因而自尊心极强但精神却极其脆弱，在性爱方面毫无自信。这代人自小没有体验过放任式的教育，从来没有撒过野，对人类最为原始，最具动物本色的"性"毫无经验，也毫无男人的强悍。不难想象，这种种特性势必使得他们的婚姻生活之路充满了荆棘，不可能顺当，而且越是学历高的青年这种倾向越严重。那些所谓“三高”的青年在相亲时往往被视为条件出众，可是他们在性爱方面出现问题的概率也是最高的。

个中原因五花八门。首先是，他们从小就被灌输了“读书至上”的观念，养成了克制性欲的抑欲癖，因为不克制性欲，就会影响学习，而越克制性欲就越低下，最终形成恶性循环，其结果便是阴茎的条件反射勃起能力出现障碍。

此外，由于少子化现象母亲得以花费更多的时间和心血在教育子女上，而在这样的环境下长大的那些被视为“好孩子”的男孩，潜意识中将性欲视作“恶”的现象十分严重，因为大多数母亲都教育孩子好好学习，要把心思远离性这类东西，于是孩子们在不知不觉中养成了遵从父母意志行动的习惯。加上不少男人害怕受伤害而不敢与女性交往，因而在性自卑的泥淖中越陷越深。

另外，由于近年来媒体高度发达，人们可以轻而易举地通过意念来解决性欲问题。例如，利用电脑就可以同自己喜欢的女孩以一种玩游戏的感觉进行虚拟恋爱，进而发生虚拟关系，这样即使实际上不同女性交往，也可以在虚拟的现实中满足自己的性欲。在那些不擅长同人交际的年轻人中，许多人便通过这类电子媒体来满足性的渴求，而他们直到长大成人，可能也没有同现实中的女性有过接触交往的经验。

一位“优秀青年”曾经这样坦承：“电钮一按就可以直接联通

自己喜欢的场面，可是现实生活中的女性就不一样，她们这也不对那也不行，会提出各种各样的要求，实在让人觉得厌烦。”

这种男人普遍存在逃避恋爱的倾向，可是男大当婚，于是通过熟人介绍相亲而结婚。特别是所谓的优秀男人，自视甚高，对对方的要求很高，一般希望找个般配的大家闺秀，在旁人眼睛里，俨然是郎才女貌的结合。然而这类男人随着新婚之夜的临近，会越来越不安，担心自己究竟行不行，而这种不安更加重了心理负担，更加难以顺利交合。一旦交合不顺利，自尊心和自卑感复杂地交织在一起，导致对新婚妻子失去体贴和关怀，进而造成自我封闭。

夫妻关系不完全是靠性爱来维系的，因此在结婚时，人们往往更易为对方的学历、地位、家庭经济状况等所迷惑。不少父母也认为，只要同拥有上述出色条件的男人结婚，自己的女儿就会幸福。这种想法显然是危险的，往往容易招致不幸。

在此不得不重复一遍：性对于男人来说是至关重要的，其是否圆满将对男人今后的性格、待人接物的处世方法甚至人生观都产生重要的影响，一个成熟男人沉稳冷静、具有包容心和安全感等优秀品质，无不与其性事圆满有着直接关系。性的重要性之于男人，完全不同于女性，因为它关乎一个男人的健康成长。

不管怎样，由于少子化也就是一对夫妇只生育一至两个孩子，使得父母对子女格外疼爱，费尽心思将其抚养长大，结果却使这样培养出来的孩子陷入恋母情结或性自卑不能自拔，同女性无法保持正常的平等关系，这不能不说是一个极大的讽刺，同时似乎也有些残酷。

一般而言，已婚女性容易产生离婚念头的重要关头有三个：一是新婚一年以内，二是结婚七年左右，三是丈夫临近退休的时候。

这其中的第二个关头即结婚七年左右，也就是一般所说的“七年之痒”，此时妻子的年龄在三十多岁，夫妇的第一个孩子应该已经上幼儿园或是小学了。这个时候正是生活开始趋于稳定之时，夫妇俩或许在商议着买房子，而全部精力都花在照顾婴儿身上的时期也已经过去，孩子离手，妻子多少开始有了一些空闲的时间。此时，妻子松下气来会回顾夫妇两人的关系，发现新婚初期的浪漫气氛早已不知所往，与其说是夫妻，更多的似乎像是同屋的室友而已，于是顿觉当初的美梦轰然破碎，一股莫名的空虚感袭上心头。

与此成正比的则是，对方的缺点暴露无遗，无论是丈夫还是妻子，由于共同生活了七八年，由此产生的熟稔和安心感，令两人互相间懈怠了，相互慰藉、相互关心的举动慢慢减少了，性爱也渐渐出现了倦怠，失去了热恋时的新鲜感和吸引力，有些夫妻甚至干脆没有了性生活。

也就是说，这个时期是双方开始对两人的夫妇关系产生疑问的时期，是不是就这样走下去？今后的人生究竟怎么安排？大多数夫妻会重新直面和考虑这个问题。

随着这个疑问越来越深，没有孩子的夫妻之间，妻子对丈夫的种种不满会渐次复苏，两人间的感受差异也会凸显出来，于是渐渐觉得“这样的丈夫不值得爱”或“他绝不是值得托付一辈子的人”，进而跨出离婚这一步。

如果说，男女因为爱而结婚是符合一般道德判断的话，那么当爱已经消逝，离婚也就是理所应当的了。假如夫妻间没有孩子，则矛盾的焦点就仅限于两个人的关系，考虑离婚也是合情合理的。

当然在这背后，还有一种潜意识也起着十分重要的作用，即认为三十多岁重新开始人生还来得及，既然离婚那就得趁此时。在这方面男人也一样，如果没有孩子的牵挂，男人相对也比较容易提出离婚，而不至于犹犹豫豫久拖不决。

拥有不菲收入的职业女性，由于经济实力的支撑，当她们对婚姻稍稍产生一点儿疑问时便会考虑离婚。她们大都珍视自己的职业人生，会优先考虑升职等，不过这事实上对她们来说也是一个容易掉入其中的陷阱。因为结婚前后双方的想法会有所改变，例如，丈夫结婚时支持妻子的想法，还尽量多分担些家务，可是婚后三四年过去，多数丈夫会提出“我们是不是要个孩子啊？”或者“你把工作辞掉吧！”这样夫妻之间难免会出现分歧，隔阂也越来越深。当妻子对夫妇关系开始产生疑问，便意味着导致离婚的黄灯已经亮起。

但是夫妻间如果有了孩子，情况则会有所不同。即使对夫妇关系产生疑问，即使对丈夫的感情已经淡漠，妻子也不见得会轻易离婚。不过，多数妻子脑海中会不止一次掠过离婚的念头。下面将对此再稍加深入地进行探讨。

妻子对婚姻生活抱有不满的最大原因，恐怕缘自男女双方婚姻观的不同。

大多数男人觉得，只要结了婚，就等于有了一个归宿，妻子也得归自己支配。而恋爱关系是一种极不稳定的关系，随时都有破裂的危险，为了使这种关系稳定下来，男人们认为结婚是最好的解决办法，因此将结婚视作恋爱的终点，一旦结婚便可以高枕无忧了。换句话说，男人认为抓住对方的过程才是胜利的关键，男人会为此动员起全身的能量，而一旦结婚，心中就会暗想："反正结了婚，她跑不了的。"

与此相反，女性却认为结婚不是恋爱的终点，而是两人关系进一步深化的开始。男女之间认识上的微妙差异，将给日后的婚姻生活带来种种影响。

坦率地说，"结婚是男人的最大诚意，是爱的表示"——这是男人的真实想法，而且条件越是优越的男人，这种想法越强烈。因此，男人们时常会想："我已经同你结婚了，你还想要什么呢？"言下之意就是：我已经向你展示了我的最大诚意，难道这样还不够吗？尤其妻子是家庭主妇的话，男人觉得在外面工作挣钱的是自己，养家糊口的是自己，因而这种意识会更加强烈。换句话说，对男人而言，结婚意味着自己将终生担负起照顾抚养妻子和子女的重任，自己是在充分认识这一重大责任的前提下决定结婚的，这说明已经毫无保留地表现出了自己一辈子的诚意。

通过结婚这一形式，男人认为一切大功告成，所以才会有"钓到的鱼儿不给食吃"这样的想法。而对于结婚后夫妇双方关系的实质，男人们几乎不去加以考虑。

相形之下，女性却常常自问自答去探寻理想的夫妇关系以及婚姻的内涵。男人只满足于形式上的夫妇关系，女性却追求夫妇关系的内涵，这样，夫妻之间就势必要产生摩擦和裂痕。

当夫妻关系彻底冷漠、家庭濒临破裂的时候，下定了决心离婚的妻子们常常这样想："这样糟糕的家庭环境，对孩子很不利。"而多数丈夫却觉得："让孩子成为单亲孩子，真是岂有此理！那样就等于放弃做父母亲的责任。"但与其说他们是重视夫妇关系，不如说只是固执地死守一个完整的形式。在注重夫妇间实质性关系的妻子们看来，既然关系已经名存实亡，继续维持夫妻关系除了给双方带来痛苦之外没有任何意义；而在重视结婚这一形式的丈夫们看来，即使夫妻关系冷漠到极点，但依然能够维持一个家庭。

男人如果不想成天同妻子照面，他可以想方设法加班、与同事一起吃饭喝酒来消磨时间，挨到半夜三更再回家，即使心里仍有些不痛快，但是有个家总比离婚的强。尤其是疼爱孩子的男人更是如此，即便同妻子的关系糟透了，也不愿意因离婚而失去孩子。

结婚之际，男人总是倾向于娶个生活能力强的女性为妻，部分原因也是因为这样的女性一旦有了孩子，就会全身心地投入到养育孩子等家务中，发生变故的可能性较低，因而对男人来说具有安全感。

此外，多数男人头脑中还有这样一种观念：结婚就是将某个特定的女性占为己有，使之成为自己的掌中之物，特别是魅力十足，令众多男人垂涎三尺的女性，通过结婚就可以使其成为自己的专利品，对之加以约束。

前面提到过，结婚后仍不愿意放弃工作、优先注重升职机会的职业女性同丈夫之间容易产生龃龉，就是因为丈夫担心妻子过多地与社会接触，会令自己难圆独占妻子之梦。妻子参与社会性事务，势必有更多机会与各色各样的男人接触，结果其眼界就会不再局限于家庭，而是放眼家庭之外了。这对于希望独占妻子的男人来说，结婚的意义就失去了一半。

对男人而言，结婚也意味着同意并决心自己被某一个女性所束缚。

本性轻浮放浪的雄性动物，不论其自身有无魅力，都希望接触更多的异性，渴求同她们发生深层次的关系。如果雄性动物甘愿只追求一个异性，发誓决不移情别恋，这便是结婚，而这一誓言则是表明对其轻浮放浪本性的彻底否定。

自然，女性在结婚之前也需要下一番决心，但由于她们本性不像男人那样放浪，因而决定结婚并不需要特别克制自己的种种欲望。

作为这项重大决定的补偿，丈夫便向妻子要求其甘心接受自己的支配，并尽可能地为了自己而奉献一切，如果妻子积极响应的话，做丈夫的就会竭尽全力努力工作以养活她，使她幸福。这完全可以说就是出于男人本能的支配欲和独占欲，他们期望居高临下地对妻子实行控制和统治。由此可见，男人对妻子的支配欲不能笼统地下断言说其不好，正因为有这种欲望，男人才会自我鞭策，“为了家人而努力工作”，成为其奋斗进取的原动力。

恋爱时男人们为了不使对方对自己产生反感，喜欢摆出一副高姿态，唱唱高调：“结婚后你依旧可以保持自由”“为了充分发挥你的才能，我也会全力支持你的”，但是内心深处还是希望将妻子囿于家庭之中，置于自己的支配之下。于是结婚后妻子经常会抱怨说：“说好不是这样的”，这时候，倘若丈夫坦率地告诉她：“因为我太爱你，所以不愿让你抛头露面”，想必妻子也会理解其初衷。然而现实生活中，很少有男人会如此开诚布公地表白心迹。

总而言之，梦想和现实之间有如云泥，即使早已有此心理准备，但往往现实比想象的还要差之千里。

这种差别如何填埋呢？恐怕只有靠夫妇共同努力加深彼此间的爱情，并开动脑筋，拿出全部的智慧来。当然这里所说的智慧不仅仅是指头脑聪明，还包括相互关怀、忍耐以及包容，更需要对自己究竟是什么样的人有一个清醒的自我认识。

·第十六章·

离婚信号

离婚并不意味着人生的失败，而是迈向更加美好人生的一种积极的解决手段。

较之普通恋人之间的分手，夫妇间的分手更为复杂。

下面是某位结婚 13 年的女性讲述的一则真实故事。

她因为想与丈夫离婚，于是去向律师咨询。孰料律师听了后却说：“单单因为讨厌丈夫就要和他离婚，这纯属任性！”令她非常生气。

从几年前开始，她就从生理上讨厌丈夫，感到与他交合简直就是件痛苦的事情。但是听律师那么一说，她也就不愿再深入解释了。自然，那位律师是位男性。她后悔自己找男律师咨询，她说：“如果是位女律师，就不会说出那样的话来，一定会亲切地站在我的立场听我解释，并且理解我的。”

听到这则故事，笔者深切地感到：男女对于离婚的看法确实存在很大的差异，这则故事便颇具象征意义。

女性提出离婚，除了丈夫有外遇、丈夫对妻子施暴、丈夫不尽抚养家庭的责任之类世人熟知并容易理解的理由之外，多数女性还为“看不出与丈夫共同生活有什么意义”“从生理上对他感到厌恶”

等较抽象的原因而提出离婚。从男人的角度看，后者似乎很难理解。换句话说，男人绝不会因为“看不到与妻子共同生活的意义”“从生理上对妻子感到厌恶”等理由而想到离婚。在这一点上，男女之间可谓大相径庭。

那么男女之间为什么会有如此大的差异呢？最主要的原因似乎仍在于男女的生理差异。

前面提到的那位女性自从对丈夫的爱情淡薄、对他感到厌嫌之后，在性方面继续接受他就成了巨大的精神痛苦，即便丈夫提出要求，也不会轻易激起她的情欲，不仅精神上毫无快感，肉体上也承受着痛苦煎熬。出于一种义务，实在无法拒绝的情况下她只得草草应付，但是交合过程中她却时刻被一种屈辱感折磨着，好像受到侮辱一样，因而总巴望着快点结束。

当然，她之所以对丈夫如此厌恶，一心想离婚，必定有其缘由。比方说，与婆婆之间发生矛盾时丈夫一味偏袒母亲，从不向着自己；或者随着年龄增长，双方的价值观念渐行渐远，摩擦日益凸显，等等。加之日常生活中的种种龃龉日积月累，两人之间的感情越来越疏远，她终于认识到：自己同丈夫再也无法共同生活下去了。而一旦产生这种念头，也就无法在肉体上继续接受丈夫了。

然而，这类女性的痛苦无论如何解释男人们总是无法彻底理解。因为同女性相比，男人对于性对象的包容范围更广，即使不十分喜欢，他们也会毫不踌躇地与之发生性爱关系。因此，即便与妻子的价值观念大相径庭，即便不再爱妻子，但男人也不会为此而断绝与妻子的性爱关系，而即便不愿再与妻子保持性爱关系，也未必立即就会发展至离婚。

但是女性一旦厌恶对方，就会连同他的所有一切都感到厌嫌，连一点点鸡毛蒜皮的小事儿也要鸡蛋里挑骨头。而男人即使对对方感情消失殆尽，也不会产生如此强烈的厌恶感觉，当然多少有些不满甚或恨意，但对双方继续生活在一起、保持性爱关系却不至于深恶痛绝。

这或许便是男人对待性爱态度暧昧的一个佐证。但是反过来看，也可以视为男人更加灵活，善于变通。

从量化角度来看，假设将时常希冀与对方见面，而在一起时会有拥抱等冲动的状态也就是恋爱状态设为正值的话，当感情降温、爱意不复存在时，男人的情爱值可能归于零，但不会跌至零以下的负值，而大多数女性在此情形下则是情爱值一气跌至零以下的负值。其结果便是，女性会对男人产生“生理上的厌恶感”，甚至走上离婚之路。

这种反差实在令男人们感到费解。即使妻子直言不讳地告诉他：“再和你一起生活下去，我会在生理上受不了的！”男人也茫然不知其意，手足无措。

然而，男女对于离婚的认识差异，仅仅从上述生理差异的角度来解释是不够的。男女之间对待结婚的认识原本就存在差异，最终更加大了对离婚这一问题看法上的差异。

首先，这种看法差异中最引人注目的是：只要天不塌下来，男人就不会主动提出离婚。从提出离婚申请的人数统计中就可以得出这一结论，约有 80%的离婚申请是妻子一方提出的。

为什么男人们不想离婚呢？

其中的一大理由是：如今依旧是男人社会，故此男人脑子里根深蒂固地保留着这样的观念，结婚不仅仅是男女个人对个人的关系，而是两个家庭互相结成的一种社会契约关系。因此，多数男人在考虑结婚的时候，对于双方的家庭是否匹配，对方同自己的父母能否合得来，对方能否得到旁人的尊重等外在因素的重视程度超过对爱情自身的重视，而且周围的人也会以这样的要求来评判男人的择偶行为。男方条件越优秀这种倾向便越加强烈，倘若跻身政界或财界有个一官半职，或者身居公务员行列的话，几乎很少不是依据对方的家庭出身和背景来挑选未来的妻子，爱情倒成了排在第二位、第三位的要素了。尤其是官僚阶层，上司为自己介绍对象是万万不能回绝的，这已是官场的常识，以至不少人说：如果回绝，就意味着这辈子不会再有出人头地的日子。

对男人而言，值得炫耀的妻子当然是如花似玉的美妻，但家庭出身也是一个极为重要的因素，听到旁人议论说“那家媳妇的父亲是某某公司的总裁……”没有一个男人会心生反感。事实上在上层社会中，妻子的家庭出身常常会影响到本人的发展前途，那些怀有野心、一心想发迹的男人大都会考虑好这一点然后选择结婚对象的。于是时常发生这样的事情：明明已有交往对象，但是当上司提出想不想跟自己的女儿结婚时，男人毫不犹豫地会应允下来。由此可见，对男人来说，结婚之事必须遵从社会体统、重视面子以及形式的完备。正因为如此，婚后即使爱情淡漠了，男人也不会仅仅为了这一点儿而毁坏家庭。这样说起来似乎也是顺理成章的。

总之，结婚时并不把爱情作为绝对要素来考虑的男人不在少数。说得严重些，甚至没有爱情，只要对方的家庭出身符合自己飞黄腾达的要求，男人对于同其共同生活也不会感觉无法容忍。换句话说，男人会乐观地安慰自己：即使没有炽烈的爱情，但夫妇共同生活在一起，日久生情，感情会自然而然培养起来的。而有些男人则更乐于接受这种恬淡的夫妻感情，对他们而言，激情四溢的夫妻感情反而令其觉得厌烦。男人之间在对女性评头论足的时候，常常将女性分为“妻子型”“情人型”等若干类型，这便是一个佐证。时至今日，不少男人仍抱有一种立体化的思维，即选择一个出身好、贤惠淑良、家庭型的女性做妻子，另外再找一个富有性感魅力的女性做情人。

理所当然，注重男女双方的感情而结婚的男人也不少，但在社会的种种压力面前，他们有时会遭遇挫折而屈服。原巨人棒球队的投手河原纯一即是一例。他原本与一位在风俗业工作的女子结了婚，但是球队俱乐部反对这桩婚事，媒体也一窝蜂地炒作这件事，并且大张挞伐。结婚本是个人私事，而球队俱乐部公然反对，说荒唐也真够荒唐的了，但是从中也可以看出，社会因素在男人结婚中扮演了多么重要的角色。结果，河原不得不屈服于巨大的社会压力，同妻子离了婚。可见对男人来说，结婚必须考虑到社会平衡感。

与此相反，同拥有一个良好家世的大家闺秀结婚的政商界官僚们，无论发生什么样的事情，是绝不会同妻子离婚的。他们通过结婚，获得了看得见和看不见的诸多好处，而离婚将使他们失去这一切，因此即便另有所爱，他们也不轻易选择离婚。

若以更加通俗易懂的话来重新表述，那么可以说，男人在结婚时对爱情不抱太高的期望，只要有个完整的家，顺顺当当地将孩子抚养长大，平平安安地过日子就心满意足了，他们并不期待从家庭获得更多的爱或者浪漫。当然，如果有则再好不过，即使没有也无大碍。因此，男人们永远无法理解女性以“看不出和你共同生活有什么意义”那种莫名其妙的理由而提出离婚的做法。

较之“夫妻关系的实质”，男人更加注重“家庭”这种形式。除此以外，离婚会给男人带来种种负面影响，这也是男人对待离婚态度消极的一个原因。

这里的负面影响大致可分为四类。第一个负面影响是离婚会令男人丧失社会信誉。尽管离婚率呈逐年上升趋势，与过去相比离婚已经成为家常便饭的现象，但是在一个以男人为中心的社会，离婚仍然被视为男人的一大污点，在一流企业以及官僚阶层中绝对将影响到个人的前途。中国古语有“修身齐家治国平天下”之说，而在今天的日本，诸如“连家庭都摆不平，怎么可能管理好一个企业”，“连一个女人都控制不了的男人，不可能干好工作”这样的奇谈怪论依旧大有市场，尽管家庭与工作本是互不相干的事情，但是日本社会依然将这种压力强加在男人身上。

而且，近年来社会普遍对女性离婚寄予同情，褒扬女性毅然选择离婚的勇气，从而使得女性离婚不再像从前那样备受非议。但与此同时，离婚男人却总是被人视为无情无义或不中用，不仅丧失了社会信誉，而且还遭人唾弃、受人诽谤践踏，这或许可以说是对男人的歧视吧。

之所以这种观念依旧阴魂不散，说到底还是男尊女卑思想的残渣余孽在作怪。先有了男人居于主导地位、男人应该支配女性这样一种前提存在，“连一个女人都控制不了……”之类的奇谈怪论才显得振振有词。自古绵延至今的男权社会思想，于今反而成了套紧自己脖子的枷锁。

第二个负面影响是，以往全靠妻子打理家务的男人，随着妻子离去，霎时间就体会到日常生活的种种不便。平日即使夫妻间很少沟通交流，但至少每天有饭吃，有干净的衣服穿，现在妻子走了，煮饭烧菜怎么办？衣服怎么洗浆熨？屋子脏了谁来打扫？假如妻子丢下孩子扬长而去，那男人就彻底举手投降了……听起来让人哭笑不得，但这却是非常现实的问题，所以男人轻易不愿离婚。

第三个负面影响是经济负担。现行法律是绝对保护妻子一方的，如果离婚，丈夫就必须做好心理准备承担相当大的经济负担。普通的工薪族即使不必付给妻子高额的赡养费，但大多须承担子女的养育，如果有房子的话一般也是判给妻子，丈夫其后的生活势必相当艰难。特别是赡养费，不知算不算有违男女平等原则，总之实际生活中男方的负担相当沉重，即使是因妻子感情出轨而离婚，丈夫也不得不支付高额的赡养费，而如果因丈夫有外遇而离婚，妻子则只需给极少的赡养费。

第四个负面影响是多数情况下夫妻离婚则孩子归妻子抚养，即使通过诉讼争取，但最终抚养权判给妻子的占绝大多数，因此疼爱孩子、眷恋孩子的丈夫总是竭力避免离婚。同日本相比，在离婚方面“走在世界前列”的美国，即使夫妻离婚后孩子归妻子抚养，但一般每逢周末或是寒暑假，妻子都要领着孩子让其和父亲一起玩耍。日本的情况则是，作为离婚的一项条件，父亲大多会要求享有探视孩子的权利，但即使判决书中予以明确规定，实际上母亲总是想方设法不让孩子同父亲见面。因此对于做父亲的来说，离婚即意味着与孩子别离，使人有一种被强行拆散的痛苦感觉。

前不久，《朝日新闻》以“离婚将女儿从父亲身边夺走”为标题报道了一个从事自由职业的男人的遭遇。男人的妻子过分投入于自己的工作，常常半夜三更才回家，孩子全由在家工作的丈夫照顾，丈夫希望妻子能多挤出些时间给孩子，为此两人之间争吵不断。后来妻子以不能同这个观念守旧，将照顾家庭，照顾孩子的责任全都推到自己身上的男人共同生活下去为由，提出了离婚，丈夫同意离婚。但是围绕着女儿的抚养权问题，双方你争我夺，谁也不肯让步。在尚未离婚的情况下，夫妻开始分居，从妻子提起离婚诉讼直到判决下来的两年中，丈夫每天下午在家中同女儿一起做作业、玩游戏，还为女儿煮饭烧菜。丈夫认为“自己一直在照顾孩子，并且一直居家工作，因而同女儿在一起的时间更多，理应由自己来抚养孩子”，但他的主张却没有被采纳，法院的判决书仍然将女儿的抚养权判给了妻子一方。这篇报道最后以父亲的哀叹做结尾：即使离婚，自己也有权利同妻子一起共同抚养女儿，为什么却不得不拱手失去女儿呢？！

更加令父亲们不能容忍的是，离婚后自己的孩子将在母亲的影响下成长这一事实。说白了，就是将孩子送入憎恨自己的妻子的阵营中，做母亲的会不会在孩子面前将自己描绘成恶人？会不会对孩子进行洗脑？如此一来，孩子会不会只相信母亲所说的一切，对自己产生憎恨？一想到这些，做父亲的便感觉既懊丧又无奈。

对男人来说，离婚将使自己承受双重或三重的负担。要背负如此巨大而沉重的负担，难怪大多数男人都不愿主动提出离婚了。事实上，甚至妻子提出了离婚，他们也是不肯轻易同意的。

至此，我们探讨了男人不愿轻易走上离婚之路的各种理由。但是，生活中也不乏主动提出离婚的男人。

例如，本来是对女方的娘家寄予很高期待而结婚的，但对方家庭不幸破产了或舞弊等丑闻事发，这种时候男人就有可能主动提出离婚。此外，若妻子有严重的越轨行为，丈夫也可能提出离婚。当然，对于妻子情节轻微的花心行为，多数丈夫是选择睁一只眼闭一只眼，装作不知道的。

但是，男人主动提出离婚最普遍的情形是与妻子相处不融洽，而且在外面又另有新欢。

同丈夫关系不和或者爱情之火已经微熄，即使没有邂逅下一个对象，女性也会提出同丈夫离婚。而男人则不然，哪怕同妻子相处不好，只要没有遇到一个让他产生重新开始人生的女性，一般是不会提出离婚的。这是男女之间的一大区别。即使这样的女性出现在面前，但如果夫妻间已有孩子的话，男人还是踌躇迟疑，难下决断，这正应了一句老套的话："孩子是父母的纽带。"因此，在孩子尚未出生之前或孩子已经长大成人之后，男人的离婚率或许有所上升，但即使这样，男人离婚必须克服前述种种负面的影响、承担各种负担，所以提出离婚仍然需要相当大的决心。

至此，女性读者可能会产生这样的疑问：既然男人们要经过如此痛苦的思想斗争才能下决心离婚，那么他们一旦提出离婚，是不是就不会反悔了？答案或许出乎意料：实际情况并非如此。因为男人出于本能喜欢对方依赖自己，觉得她很可爱，对于比自己弱小的女性他们会由衷地生出一种保护对方的责任感。这也是其一贯自视优越、高高在上的男尊女卑思想的翻版，当对方彻底示弱、激发起男人的优越感时，男人即使已经下决心离婚，此刻也会产生动摇。例如妻子哭着哀求："如果你抛弃我，我就活不下去了！"男人一定会萌生恻隐之心，这时孩子再在一旁哭叫道："爸爸！求求你，不要离开我们！"几乎所有男人都会立即决心崩溃。有些深谙个中殊效的妻子会唆使孩子向父亲哀求："不要离婚！""不要丢下妈妈和我！"这可以说掐中了男人的死穴。

而对于没有孩子却有稳定的工作和经济收入的妻子，丈夫可能不会有太多的责任感，因而较容易提出离婚。也就是说，当男人觉得对方没有自己也能够生存的时候，就会爽快地提出分手。

再回头来看妻子主动提出离婚的情形。在此瞬间，丈夫会有什么样的感受？他们会做出何种反应？

即使平时与妻子相处得很不融洽，但是当妻子提出离婚时，绝大多数丈夫霎时间都仿佛晴天霹雳一般，感觉受到强烈的打击。因为男人不会仅仅因为感情淡漠了而离婚，所以妻子因夫妇关系不顺而离婚他们是做梦也不会想到的。

于是他们首先是震惊、慌乱，继而便挖空心思考虑怎样使妻子回心转意。他们会问妻子："为什么？"妻子理所当然地回答："看不到和你共同生活有什么意义""我们两个合不来"，于是就像前面述及的那样，男人会百思不得其解，却又不知所措。正如我们再三强调过的，男人的思维中绝对不会因为这样的理由而想到离婚的。

假设妻子举出丈夫有外遇啦、不照顾家庭啦等具体而明白的理由，丈夫就会向妻子保证"再也不会花心了""以后把工资全交给你"。然而缺少具体而明白易懂的理由，这让男人如何反应？自然只能风马牛不相及地说些诸如"我不是把工资都交给你了吗？""我又没有在外面胡搞！""我每天拼命工作，还不是为了这个家？"之类的话。如果妻子反驳说："我不是指这些，我是说和你的感情已经彻底冷下来啦！”男人则会偏离主题叫道：“好啊，原来你在外面有男人了！”这样只会令妻子感到更加绝望：“你对我根本不了解！就是这点让我最受不了！”

男人们往往认为：现实社会是个竞争异常激烈的社会，一旦置身其中，只要在竞争中失败那么作为一个男人的生存价值就荡然无存。但是站在妻子的立场上来看，即使在事业上平平庸庸，即使不那么出人头地也没多大关系，最重要的是丈夫应抽出时间和家人更多相处，和家人一同享受天伦之乐。然而事实上，许多丈夫根本不了解妻子对丈夫有何期待，对家庭有何期待，这样只会加深夫妻之间的隔阂。

这样，由于认识上的差异日积月累，终于导致妻子产生了离婚的念头。但是这种“认识不同”“人生观不同”之类的理由，在丈夫眼里却根本不称其为理由。这一点恰恰正是男女认识上的不同。要想避免离婚，男人们平时应更多地和妻子进行沟通，尝试去理解妻子的想法、认识和人生观。

总之，男人们一旦得知妻子铁定了心要离婚，绝大多数人立即就会陷入混乱：对单位同事如何解释？对自己的父母怎样交代？孩子怎么办？自己今后的生活怎么办？还有自己的脸面……用一句话来形容，此时男人的状态就是“眼前一片漆黑”，随之而来的，则是深深的虚幻感：自己一直以来拼命工作建立起来的家庭到底算个什么呢？

妻子提出离婚，这对男人来说，就等于宣告自己是个不称职的男人，打击可谓不小，而且越是年龄大打击就越大。作为男人，无论心里多么痛苦，既不能哭泣，也不能号叫，也不能向亲朋好友倾诉。女性的话，从开始考虑离婚之时起，就可以同密友商谈、讨论，而男人即便对好朋友也大多隐瞒婚变实情。由此可见，离婚对男人而言须承受多么大的社会压力。表面上看，他们似乎很轻松，好像什么事情也没有发生，但是男人将痛苦和空虚全都深深地埋藏在心底，结果有不少人因此而患上了抑郁症，对工作也失去了热情。统计数字表明，被妻子离婚抛弃的男人其寿命短于男人的平均寿命。可见，离婚还使得他们失去了生存下去的活力。

如此看来，同以离婚为契机生气勃勃地开拓全新人生的女性相比，男人真是一群纤弱而可怜的动物。

以上，我们主要从男人的角度探讨了离婚的各种理由。不过，对于离婚，实在没必要一味地将其视为负面的、消极的事情。

二十几岁的人，无论男人还是女性，还不真正了解自己，对于人情世故也未参透，这个时期选择的对象并不一定适合自己，值得作为终生的伴侣。人是随着年龄和经验的积累而成长起来的，思维方式以及对各种物事的认识也会不断变化更新，由此而夫妇间出现隔阂，从某种意义上说是不可避免的。然而在今天的日本，人们对离婚依然持有偏见，尤其是男人，离婚带来的负面影响举不胜举，造成许多夫妻竭力忍受、勉强度日，甚至对未来彻底失去信心。

最为理想的解决方法是，社会对于离婚现象应当持更加宽容、积极的态度，至少人们应当承认各种不同的人生方式以及思维方式，对别人离婚采取不介入的宽容态度，这也是发达社会应具有的条件。而在这方面，日本似乎可以说还相当落后。

总而言之，离婚并不意味着人生的失败，而是迈向更加美好人生的一种积极的解决手段。如果全社会都能对此有深刻的理解，不再视离婚为负面事件，则无论男人还是女性都必将能够更加自由地选择自己的人生，人生的道路也必将更加宽广，生命将更加充实。

·第十七章·

孱弱的男人

假面夫妇是维系夫妇关系的一种暂定的、委婉的做法。

无论经历过多么炽烈的恋爱，最终结为夫妻，共同生活在一起，也难免会出现倦怠，趋于惰性化。这一变化无论剧烈还是轻微，可以说是婚姻中无法避免的宿命结局。

问题是：原本在恋爱过程中不被注意的对方的一些缺点、毛病似乎也与这一变化同步，开始逐渐变得明显和突出了，于是不知不觉中，夫妻关系出现裂痕、双方相互难以理解了。这种裂痕如果只局限于小范围则还好，一旦扩大，就会导致夫妻关系变质为“假面夫妇”，即戴着面具的夫妻。

这种情况如果发生在三十多岁的夫妇身上，他们一旦意识到彼此已成为假面夫妇，就会想方设法试图改变这种状况，因而还有改善双方关系的可能。为此，夫妻双方会进行沟通，也会发生争吵，结果既可能实现关系正常化，也可能向相反的方向发展。

如果这种情况发生在四五十岁的中年夫妇身上，尽管意识到这一点，但可能不少人已经失去了改变它的动力。他们既没有为此而相互争吵、冲突的气力，又坚持认为婚姻本来就是这样的，于是任随惰性带着他们继续生活下去。在日本，像这样的夫妇不在少数，中老年夫妇中有相当大的比例可以说都是流于形式的夫妻。

当夫妻关系趋于冷淡、演变为假面夫妇时，不少妻子会为此而烦恼："夫妻关系这样下去行吗？""继续保持这种婚姻还有意义吗？"尽管最后还是接受现状，但是大多数妻子们都曾有过这样的烦恼时期。

当然，夫妻之间出现摩擦和裂痕的程度因各人的性格以及感受力而异。对于夫妻或男女关系敏感的人和不敏感的人、忍耐力强的人和忍耐力不强的人、理想主义者和现实主义者之间，其程度显然大不相同。例如，同样一件事情，对于 A 女士来说可能只是小事一桩，但对 B 女士来说可能就是个大问题，甚至不排除会直接导致离婚。

不管怎样，很少有妻子不对夫妻关系的现状抱有疑问，对其实质进行思考的。

与此相反，男人对于戴着面具的夫妇关系似乎不存什么疑问，他们比较容易接受这种现状，大多数人认为婚姻就应该是这样的。

个中理由之一是，男人的人生原点在于社会生活，换言之，对男人来说，工作是他们的生活重心，家庭仅仅是支撑这一生活的陪衬部分。倘若待在家里感觉不舒服，他们就会埋头工作，或者增加与同事朋友的交际，晚些回家，尽量减少与妻子接触的时间，这样就可以避免平地起风波。

任何人说话都有场面话和真心话两种，对此男人深信不疑。因为作为社会的一员，如果不能因时因地运用自如地交替使用场面话和真心话，就无法在社会上生存下去。因此，这种情形在夫妻之间屡见不鲜：丈夫表面上尊宠妻子，实际上背地里与别的女性打得火热；表面上假装对妻子言听行从，其实一只耳朵进另一只耳朵出，充耳不闻。

男人的性格原本就敷衍马虎，加之擅长人前道人话，鬼前说鬼话，对于夫妇之间种种差异的认识不像妻子来得深刻，并且不愿拘泥于那种事情，觉得麻烦。当妻子提起这类话题时，丈夫常常以“我很累，先睡了”之类的言辞来搪塞。姑且不论结局是好是坏，男人们用这种方法来岔开话题、回避关键问题，倒也有人能够顺利地使婚姻至少在形式上得以继续维持下去。

这令我们想起了神田正辉与松田圣子的离婚事件。在两人举行的离婚发表会上圣子对记者们表示：“凑巧正月那段时间因为感冒休息在家，于是我们夫妇有了时间来慢慢讨论，最终决定离婚的。”这番话听了让人感到有趣的是，假如两个人没有时间坐下来慢慢交谈，恐怕至今还是一对戴着面具的夫妻吧。

仔细想来，避开棘手的重大问题往前进，从某个意义上说，或许也是人类的一种智慧。至少男人们之所以在夫妇关系的问题上尽力回避实质，闭口不谈，是因为他们预知，假使自己也像妻子一样认真地加以思考夫妇关系存续的意义，披肝沥胆地进行交流的话，说不定就会引发致命的破裂。

这种情况其实不只限于婚姻问题。例如，人如果一味深刻思考“自己到底为什么而生存？”“人生究竟是什么？”之类的问题，有的人说不定早就绝望自杀了。如果学生抱着“为什么”的疑问参加考试，或许就会名落孙山。姑且不论好坏，类似这样回避事物本质的做法，有时候确实可以使人生过得更加轻松一些。同样的，夫妇之间即使戴着面具，不妨继续戴下去，或许可以使夫妻关系存续下去，相反寻根究底直捣问题实质的话，说不定会导致婚姻破裂。

因此，夫妻双方如果没有离婚的能量和勇气，则避开实质问题，互相戴上面具，也不失为一种继续保持关系的智慧。事实上，不少夫妻就是这样维系着婚姻关系的。从这个意义上说，戴着面具的夫妇双方其实是信仰犯罪[1]中的同案犯。

任何一对夫妻，都潜藏着成为假面夫妇的可能性。而这在美国那样的国度里是不可思议的，在欧美国家，夫妇间只要爱情缺失了，双方立即就会离婚，戴着面具继续保持夫妻关系对他们来说极其不自然，因此许多人一而再，再而三地反复离婚和再婚。

与此相比，日本社会对于离婚的宽容度还很低，且家庭观念相对较重，故此离婚率不像美国那样高。此外，夫妇间经济权各不独立，也是制约离婚的原因之一。

1 信仰犯罪：在日本，以道德、宗教或政治信念为动机，确信自己的行为是正当的而触犯法律犯罪，这种行为称为信仰犯罪，如思想犯、政治犯等。

在美国，丈夫的经济权和妻子的经济权十分清晰明确，各自独立，双方可在各自的权利范围内进行各类经济活动。如果妻子是家庭主妇，则一般由丈夫掌管钱财，依据需要交给妻子必要的花销。

而在日本，家庭的经济大权大多掌握在妻子手中，这对于男人来说，是限制其自由行动的一大障碍。工薪族且妻子为家庭主妇的情况下，一般是丈夫将全部工资交给妻子，再从妻子那里索要零用钱，自己挣来的钱却不能自由地支配使用。在这种状况下，丈夫就像被砍掉了手脚一样，不论同妻子关系多么不融洽，他们都无力迈出离婚这一步。这也是日本男人不愿离婚的一大原因。

当然，不能仅凭这一点来评论孰好孰坏。在美国由于夫妇离婚再婚频繁，常常在孩子的心理上造成严重创伤，这已经成为一个社会性的问题。此外，夫妇中任何一方都时刻处于紧张和不安状态，担心失去对方的爱情，因而不少人患上了精神疾病。

如此看来，假面夫妇有假面夫妇的好处，至少双方相处得较为轻松，与自己熟悉而亲近的人共享安逸的生活，不必紧张，不必谨小慎微，从而情绪淡定，心境豁敞。

总而言之，夫妇关系会随着时间的流逝而渐渐失去张力，变得松弛而恬淡。无论是经人介绍结婚还是自由恋爱结婚的夫妻，30 年过后几无区别。关键在于如何看待假面夫妇，如果以否定的态度去看待，夫妇关系就会举步维艰；如果以肯定的态度去看待，夫妇关系就会轻松自在。

尽管如此，仍然不乏远离戴面具、真正心灵相通的恩爱夫妻。

或者经历过一段假面夫妇时期，上了岁数之后重新心心相印的夫妻也绝非没有。当夫妻双方都随着年龄增长而精力减退、心气减弱，觉得只有对方才是自己生存下去的依靠的时候，就会出现后者这种关系。夫妇两人坐在檐廊上，一面品着茶，一面互相肯定对方："还是和你在一起好啊！"这便是典型的日本老夫妇的形象，他们互相照顾，互相扶持，共度余生。不过换个角度看，也可以说，因为他们都失去了吸引力所以才能互相走近。

这样说来，假面夫妇是维系夫妇关系的一种暂定的、委婉的做法。今后是以假面夫妇的形式继续维持夫妻关系并从中找寻到继续下去的意义，还是宁愿离婚，背负经济上的和社会上的种种负担，也要探求真正心灵相通的夫妇关系？这就取决于各自的想法了，而不能笼统地品评孰好孰坏。

男人开始感觉到老之将至的年龄各不相同，一般来说始自五十将近的时候。这个年龄往前，还能给人以壮年的感觉，本人也自认为作为男人正值黄金岁月。虽说男人随着年龄的增长，身体也会逐渐衰老，但由于社会地位不断上升，总体来说较女性会更晚感觉到自己的衰老。从容貌上讲，男人五十岁之前几乎感觉不到衰老，有的人还会给人一种沉稳老练的感觉，因此他们同女性很早便感觉到自己衰老相比，有着很大一段距离。

然而一过五十，男人便会迅速显老。此时，体力方面已经衰退得相当厉害，社会地位也开始摇晃不稳。所以对男人而言，五十岁是人生一道大坎，在五十将近之际，男人会情不自禁地感叹道：“我这就要奔五十了？！”

到了这个年龄，在公司内明显地被划分为两组：一组是有望从部长、局长升为董事的，另一组则是停留在部长或分公司经理位子上的，后者已经从竞争最高宝座的队伍中掉队了，说不定还会被降级调职，甚至有可能成为裁员对象。换句话说，男人将近五十岁时，就会有一种预见到自己人生结局的恐惧感。

从一线竞争队伍掉队下来的男人们，会突然间感到人生虚幻，有不少人因此心理产生扭曲，由于绝望而对工作变得马马虎虎，提不起劲儿来。如果此时孩子已经长大成人，住房按揭贷款也还清了，与妻子的关系也柳暗花明重归于好的话，男人不至于产生强烈的困惑和落寞感；反之如果孩子尚小，与妻子关系亦不顺，家庭内有种种负面因素的话，男人就会感到焦虑不安、忧郁、绝望，各种情感复杂地交织在一起，有时甚至会精神错乱而导致健康出现问题。

精神上发生这些变化的同时，他们对于自己的身体也会失去信心，成了人们谑称的“大叔”，作为雄性动物的强悍形象也一去不返。如前所述，男人的性欲受到大脑的支配，优越感、社会成就感以及人生信念等都对性欲有着极大的影响作用，而一旦觉得自己败北，他们的性欲便会一下子丧失。

一旦跃上五十岁的台阶，男人开始意识到再惊慌失措也无济于事，于是彻底断念，渐渐适应五十多岁这个年龄，迎来一段安定的日子。年龄的感觉一般是以十年为一个台阶，在即将跨上下一个台阶之前，人们通常都会感到困惑。总之，男人到了五十岁之后，会有一个比较安定的时期。

对男人而言，接下来的另一道大坎是面对六十岁这个台阶的时候。此时的困惑和不安远远超过了将入五十岁时的那种困惑和不安。人们通常将六十岁称为“还历之年”，含有现世结束、回归到零的感觉，而男人则由于即将退休的紧迫感，这一时期往往会心绪不宁，有的人甚至情绪极端不稳定。

对男人而言，退休意味着社会使命的终结，这对作为一种社会动物的男人来说，似乎自己的存在也随之被否定，由此产生了一种虚无感。尽管他们仍然生存在这个社会，但是企业和社会却单方面地将他们扫地出门，认为他们已是毫无用处的人，对男人而言，没有比这个更加残酷的了。因此，将近退休的男人或者不愿意待在家里，或者自我封闭，变得非常神经质。

等到退休，绝大多数男人都会感觉十分孤独。男人的人际关系大多与他们的社会地位是联动的，一旦不工作了，人际关系就变得十分狭窄，贺年卡减少了，年中岁末的活动减少了，朋友也减少了，连原本奉迎自己的部下也对自己疏远了。不知不觉中，身边变得空空荡荡，真是人走茶凉啊。除此以外，退休之后理所当然也没了收入，在家里再也不能倚仗经济实力君临一切了。

对男人来说，退休就是丧失地位、丧失人际关系、丧失经济实力，说丧失男人的一切也不为过。这种精神上的巨大打击是女性无法想象的。

身体方面，随着退休到来男人的性功能会急遽衰退。其具体体现一般始自五十多岁时，但一到六十岁后，由于精神上的失落感性能力衰退更加明显。从各种意义上讲，六十岁对于男人都是夕阳渐下的黄昏。

当然，并非所有的男人都会有这种经历。艺术家、演艺界人士等从事自由职业并且取得一定成就的人，以及自己经营公司的企业家等，由于他们依然权力在握，不论在社会方面还是经济方面仍具实力，因而即使年过六十，依旧如花开不谢，兴盛的势头一点也不减。然而，这种人毕竟只是极少数，多数男人都是一到六十岁便身心急遽委颓。

丧失了一切、深陷孤独感之中的男人们，一旦从退休的巨大打击中重新站起来，首先他们就要返回到妻子身边，因为只要妻子在自己身边，多少就会有一种安心感。随后，他们开始找寻工作之外的兴趣爱好，探求新的人生价值：学下围棋、侍弄花草、制作盆栽、迷上摄影、醉心收藏……或者在疼爱孙辈、修复家人关系中寻找自己的精神寄托。

表面上看来，男人们随着步入老年，会变得与家人重新亲近起来，可是他们内心深处依然有一种莫名的不满情绪。他们脑子里塞满了“想出去做点什么”“要打破这种状况”之类的念头。对于长期以来热衷于工作的男人们而言，没有什么事情比每天都是星期天更让他们不安的了。在适应这种日子之前，他们有时候会莫名其妙地发火，结果反而使得家人疏远他们；有的人仍保持着在单位上班时的习惯，早晨起床后必须出去转悠一圈，否则闷得难受；有的人每天上百货商店或围棋俱乐部闲逛，或者买了月票每天泡在市中心的公园或图书馆里。这种每天都是星期天的状况迟早是会适应的，但一般至少需要两到三年时间。

在论资排辈的社会中生存，使得男人们早已习惯了高高在上对下级发号施令，退休后回到家中，他们也会习惯性地用对待部下的口吻向妻子发号施令，以致招来妻子的强烈反抗："你为什么用这种口气和我说话？！"

许多随着退休同时失去经济实力的丈夫们，在家庭内的地位变得比妻子还低，最终难逃被当作"大件垃圾"处置的可悲下场。当然造成这种结果，男人们自身也有责任。以前他们只顾工作或是与男同事喝酒玩乐，将家庭一股脑儿地扔给妻子照管，根本不介意妻子心里在想什么，有什么样的感受。

妻子一谈起孩子或公婆的事情，丈夫立即就说："处理好这些事情不全是你的职责吗？""我很累，不要跟我讲这些让人心烦的事情了"，根本就不予搭理。妻子若是批评他这种态度，丈夫就会说："就是为了你们我才拼命工作的啊！"有时甚至大言不惭地说出："是谁供你饭吃的？"妻子对这样的丈夫感到绝望，于是结交女性朋友以充实生活，不知不觉中与丈夫已形同陌路，生活在两个不同的世界中了。

妻子们一想到丈夫退休后每天都要待在家里，心里就觉得烦闷。

而丈夫们由于长期不干家务，家务全部丢给了妻子，因此待在家里什么也不会做，只会乱发牢骚：“帮我倒茶！”“菜太少了！”

然而此时的妻子们又是去社区学校学习，又是参加社会公益活动，经常要外出，丈夫整天待在家里令她们感觉很不自在。丈夫们则对生气勃勃的妻子心怀嫉妒，每当妻子外出就要追问：“去哪里啊？”或者抱怨“这么晚才回来！”适应了在纵向型社会中生存的丈夫们无法与邻居们很好地交往，又不能从现在起再拓展自己的社交圈子，于是越发离不开妻子，这样问题便越加严重。

以下是一位熟人向我讲述的故事。

他退休之前每天都很晚回家，或是在单位加班，或是去银座的酒吧消遣。可自从退休后，每天无所事事，他不知道该怎么打发时间。早晨起来后在小院里扫地浇水，然后出去慢跑，回家吃过午饭，下午再出去游泳，然后小睡片刻，起床后喝着啤酒观看电视的相扑比赛转播节目，每天都是这样度过。所幸的是，他同妻子关系和睦，妻子高兴他每天待在家里，有时候慢跑或游泳时妻子也一同前去，退休生活称得上安稳而舒适。

然而倘若没有这样和睦的夫妇关系，丈夫每天待在家中，黏在妻子身边，妻子一定会感到很愁苦不堪，渐渐地对丈夫产生厌恶也就不可避免了。

夫妇之间产生这样的悲剧，恐怕是由于年轻时夫妻的婚姻观念就有所不同，其后一直没有得到解决，日积月累，等到若干年过去，以丈夫的退休为契机终于引发老年夫妻不和。

作为企业一员的丈夫在年富力强时，总认为“自己是为了家庭而拼命工作”，却从来不曾想过妻子正在品味着疏离和孤独。换句话说，丈夫们以为只要维持婚姻这一形式，切实负起经济责任，就可以安心地为所欲为了，妻子一定会容忍的，却忽视了妻子注重婚姻的实质内涵，时常会反省究竟应当构筑起什么样的夫妇关系这一点。

当然丈夫们心里或许在想：正因为过去没有同妻子一起分担照管家庭的责任，所以退休后作为补偿，更应该同她一起生活下去。他们深信妻子一定乐意接受自己，两个人一同去旅行，一同度过美好的老年时光。既然这样想，就不要拖到悔之已晚那一刻，而应趁早付诸行动。倘若妻子暂时还不能接受的话，不妨耐心等待，等到妻子能够以宽容之心接受他时再实施，相信老年夫妇也一定能够冰释前嫌，和睦如初。

·第十八章·

女性时代

一夫一妻制是在现代社会的土壤上培育出来的一项极不人道的制度。

至此，我们分析探讨了男人的实质。在本章，将着重探讨现代社会是如何将男人改变的。即从时代的角度来分析男人的现实状况。

跨入 20 世纪，日本人的精神面貌以及行动规范受到了欧洲基督教社会的强烈影响，其特征用一句话来概括就是：日本进入了一个重视精神性的现代人文主义时代。这样的时代也势必对男女关系造成极大的影响。

读一读明治时代[1]以来的恋爱小说，就会发现这种证据无处不在：毫不夸张地说，近现代的男女之爱表现出浓烈的禁欲主义色彩，在与某个女性发生性爱关系之前，男人会陷入漫长的苦闷和挣扎纠葛，以往平安时代一直传承到江户时代的日本文学的独特系谱即"好色"的传统至此彻底中断了，在近代小说中，恋爱的精神性被推到

1　明治时代：日本明治天皇在位的时代，自明治元年（1868 年）新政府成立至四十五年（1912 年）天皇去世为止。

了最前沿。

受到欧洲理性主义影响而觉醒的20世纪的日本人产生了全新的男女关系观念，认为男人对原始的性欲不加克制，任情而充满野性地追求女性、沉溺于性爱关系，是野蛮的、俗恶的、非理性的行为。这种观念成为日本社会的主流观念并一直延续至今。不过，自明治以来的一百多年历史中，也曾出现过相当过火的观念，其结果是造成了精神性被置于绝对的上位，而肉体的、世俗的东西则被等而下之的倾向，使得原来合而为一的精神与肉体不知从什么时候起被割裂成了两个部分。在这种状况下，现代日本人试图通过理性去刻意追求表面化的完整，却陷入了迷惘和徘徊当中。这或许就是现代日本人的真实面目。

然而观察一下自然界的各种生物就能清楚地知道，雄性的特性本来就是能动的、富于攻击性的，而现代社会却竭力抑制这种雄性本能，一味地推崇高雅和理性，女性自然也如此要求男人。其结果便是，男人的阴茎机能日渐低下，原本应有的威猛强悍气势荡然无存，机能性大为减退。

有过因腿部骨折而绷扎石膏体验的人都知道，绷上石膏固定后，腿不能动弹了，腿部肌肉就会发生萎缩，肌力也随之减弱。这种因身体的某个部位长期不使用而造成机能退化的现象，医学上称之为“废用性萎缩”。男人的阴茎也一样。阴茎是男人最主要的雄性特征，如果男人生活在推崇禁欲主义的价值观中，就会从机能和心理两方面发生雄性机能的废用性萎缩。

与女性不同，男人的性是能动的、瞬间爆发式的，因而更容易陷入这种状态中。男人如若不发挥自身的雄性机能，渐渐地就会抑欲成癖，变得适应起这种状态来。这种倾向已经蔚为大观，俨然成为社会的主流，所有男人都不能幸免。这样说绝非言过其实。

还有一个问题恐怕是男女走得太近了。一直到第二次世界大战之前，“男女七岁不同席”的观念深入人心，男女之间一般保持着相当的距离。由此，男人对女性抱有强烈的憧憬和性幻想，导致他们会发狂般地眷恋女性、追求女性。

战后开始采用男女同学制，于是从小男孩身边就围满了女孩，男生无意识中被女生压抑着，逐渐变得消极内向，凡事畏首畏尾，因为在同龄的孩子中，女孩远比男孩早熟，更像大人样。特别是到了小学的高年级，女孩已经有了初潮体验，而这时候的男孩仍然对性懵懂无知，仍然保持着孩子的天性。我上小学时，住在东京亲戚家的一个同龄女孩便把我当小孩子看待，老是叫我：“小家伙！小家伙！”我心里非常憋屈，却又无可奈何。

从初中、高中一直到大学，女生不仅身体上较男孩早熟，学习成绩也大都比男生优秀。女生始终不离左右，且又是如此状态，这令男生下意识地对女生产生了一种畏惧和自卑心理，最终导致其男性的能动性大大减弱。

关于这一点我们已经多次阐述过。男人的阴茎只有当其精神上处于优越的态势时，才能够展示出其威猛强悍，如果缺少这种优越感，就难以产生性冲动。男人一般易被比自己年轻的尤其是处女所吸引，正是因为同她们相处的时候，男人容易产生精神上的优越感。

当代社会绝对是女性的时代，这是令男人性欲减退，甚至萎缩不举的原因之一。现代女性追求自由奔放，并且得到了全社会的广泛认同，但女性越是生气勃勃，男人就越显得委琐无能，失去对女性的能动性，从而雄性指数低下，形成一种恶性循环。

另一个问题则是，真正意义上的男女关系变得如此淡漠、贫乏，但是风俗产业却又异常发达，以致无力构筑起平等的男女关系的孱弱男人便逃避到那种地方去了。在那里，男人的性欲就可以得到痛快淋漓的宣泄和满足，于是，孱弱的男人便通过金钱买取性爱关系，而对正常的男女性爱却不屑一顾，结果却是极少数心理扭曲的男人走上性变态的歧路。典型的一例就是宫崎勤，他只会攻击被其诱骗的幼童。

即使没有达到那种地步，而且同普通女性通过一定时间的交往而结婚，但由于夫妻双方各自拥有工作或者由于妻子性格较强，多数男人在家庭内仍然无法在精神上占优势，于是逐渐丧失自信心，有不少夫妇之间根本没有性生活，部分原因便在于此。

一般来说，男人希望妻子做专职主妇。因为这样可以使丈夫有一种高高在上的感觉："我是一家之主，是我养活你的"，进而在情感上、精神上产生优越感，最终获得作为男人的自信和满足。然而，如果娶了个职业女性为妻，那么大多数妻子在社会上见识甚广，时不时还会接受上司或老前辈的邀请一同出席饭局，与比丈夫年长的男性之间交际也不少。妻子如果将这些情况告诉丈夫，丈夫会对妻子与较自己更具社会地位和经济实力的男性交际而感到压力，进而自卑，也可能导致他们丧失自信。

如此看来，当代社会中不利于雄性正常生存的负面因素实在太多了，可以说，这真是一个难以生存的时代。

在此背景下，有人甚至提出：男尊女卑的时代已经一去不复返了，男人应该放下架子拜倒在女性脚下，在性方面也应该敞开胸襟，遵从女性的主张。这种意见虽然有其合理的一面，可以说是男人对女性表示爱意的另一种形式，但即使在这种情况下，如果没有阴茎勃起这一基本前提，所谓新型的男女性爱关系仍然不可能成立。女性的温柔、母爱般的态度以及包容力，能否使男人的阴茎勃起尚是个微妙的问题，事实上，恐怕以失败而告终的会占到绝大多数。

这样一说，或许有人会提出反驳：近年来妻子比丈夫年长且更具有经济实力的夫妇越来越多，他们不照样拥有和谐美满的夫妇关系吗？

诚然，这种情况下，男人不仅岁数低于女性，收入也不及女性，作为丈夫的地位自然也不高，他们之所以仍然能够雄赳赳气昂昂，是因为他们对自己年轻这一点持有优越感。反过来说，男人本能地知道女性因为自己年龄大而感觉抬不起头，这一点恰好有利于他们增强自己的雄性优越感。最近，小柳瑠美子、大澄贤也夫妇的婚事被炒得沸沸扬扬，想必大澄贤也清楚地知道小柳因为大龄而怀有自卑，所以即使她在经济方面事业方面样样超过自己，他也没有丝毫屈辱感，反而认为这是理所当然的。

总体来讲，男人一般对于年长的女性比较轻视。如果妻子或女友的年龄比自己大，旁人就会一半玩笑一半嘲讽地说道："还是找个年轻女孩玩玩吧！""干吗缠住大婶不放啊？"对此男人自己也会对推心置腹的朋友吐露心声："那家伙不化妆的话简直没法看。""我搂着她的时候权当是做善事啦。"也就是说，男人们在内心深处都把年长的女性看成了傻瓜，因而和她们在一起，情不自禁地就会有一种优越感，那些年长的妻子们知道真情后或许会气得浑身发抖。

当然，也并非所有妻子年长丈夫年轻的夫妻都是如此。

可以说，男女就是在爱情这张面具之下，进行着各色各样的权力争斗。

造成雄性指数即性冲动强度低下还有一个重要的原因，那就是一夫一妻制。

所谓结婚，就是两个成长环境、家庭教养、价值观念以及感知能力等截然不同的男女走进同一个屋檐下共同生活的行为过程。冷静地想一想，这其实是件非常了不起的事情。从男人的角度看，它又是一种契约，约定从今往后自己身边永远只能躺着同一个女人，只能与她发生性爱关系。

先前已经述及，男人本质上讲是一名猎手，具有追逐逃跑猎物的本能。常常有母亲教导孩子："遇见狗可不能逃啊，越逃它越会追着你不放呢。”同样的道理，男人对于女性的性冲动与动物的狩猎本能极为相似。因此，当在“结婚”的名义下受到法律保护，总是厮守在同一个家中，两人之间爱情的张力渐渐松懈，在这种情况下要对妻子永远保持强烈的性冲动实非易事，甚至可以说是非常苛刻的要求。换句话说，正因为是妻子，在结婚之初是男人的性爱对象，但是随着时间的推移，渐渐地就不再是性爱的对象了，尤其当妻子生产、育儿的时候，以孩子母亲的形象出现在自己面前时，男人对妻子的兴趣就会骤然消失。虽然作为自己孩子的母亲，男人对她不无感激、崇敬之情，但是若说到性，男人却实在难以对其产生性欲。

如何在保持夫妇关系的同时，继续扮演各自男女的角色，继续保持雄性与雌性的关系呢？作为一种理想的夫妇关系模式，平安时代贵族中流行的走婚式通婚值得现代人借鉴。读了《源氏物语》，切勿迫不及待地以为只有男人可以同时拥有数个女性，与其交合，而女性只能逆来顺受。事实上，像和泉式部那样的女性除了丈夫之外，也拥有好几个情人。丈夫来会她，她吩咐侍女对丈夫说：“夫人今晚身体不适，正在休息，请您回去吧。”而实际上她正在与情人幽会。当时贵族居住的宅邸非常奢华宏大，深闺里面究竟发生什么事情谁也不知道。

然而，现代人居住的却是两室或至多三室的狭小公寓房，每天照面，生活在一起，在这种居住环境下对对方抱有强烈的性幻想，产生性冲动，实在是相当困难。若是在一些小城镇，或许居住空间略微宽敞一些，而生活在大都市的夫妇之间，抑制了雄性巍然挺立的不利因素可以说随处皆是。

结婚是男女相爱最终结合的美好结果，但同时它又是一种让人感到备受束缚的契约，因为它使得双方同时背上了必须终生与同一个人共同生活的重负，而且只能同对方一个人发生性爱关系。在二十几岁三十刚出头的年纪，便要缔结“从今往后至死只同她一个女人交合”“终生只与他一个男人交合”的契约，想想就令人不寒而栗。可以说，这是一种极其残酷的制度。而假如违约，就会被视为有悖道德伦理，受到全社会的狠狠抨击。最后万一离婚的话，还必须支付一笔相当数额的赡养费。如此一想，这绝不是可以草率签订的契约。

由此看来，一夫一妻制是在现代社会的土壤上培育出来的一项极不人道的制度。在西方各国，人们对于反反复复的离婚、再婚毫无抵触，说明这种制度已经被以合乎人类本性的形式加以修正了。在这方面，包括日本在内，亚洲各国对离婚的看法依然相当严苛，尤其是夫妻间已有孩子的情况下，尽管不少夫妻明明已毫无感情，但是为顾及面子，不少人还是会继续维持着婚姻关系。

然而，通观动物界，除了鹤等一小部分动物属例外，雄性动物与雌性动物相守一辈子的情况几乎看不到，最为常见的情形是，交尾一结束，雄性便离去。即使有的雄性动物也参与抚养子女，但是孩子一旦长大，雄雌自然而然地就分道扬镳，雌性动物会重新寻找适合做孩子父亲的雄性，如果雄性符合一切条件，便再订契约再次交尾，而假如有更强健的雄性出现，雌性则会毫不犹豫地投入后者怀抱。也就是说，围绕孩子父亲的人选问题，每次都必须另行订立契约，而选择权完全在雌性手中。故此，雄性必须为之不断地努力，同其他雄性殊死搏斗，以展示自己的实力。

而一夫一妻制却使得男人无须再做上述种种努力。虽说轻松了，但是雄性和雌性都会理所当然地失去激情。这种一夫一妻制从生物学角度来说是相当不合理的制度，至少是不利于男女双方维持激情和性欲的制度。

尽管如此，在战前男人们仍然有逃避的去处。说到这里，或许又有女性要横眉怒目了。当时有所成就、有一定社会地位的男人拥有情人、小妾是为社会所认可的，祉园、新桥一带的花街柳巷也是因这种男人而存在的，艺伎们为能同有财有势的男人生育一男半女而感到骄傲，而这些略带矜持生下私生子的美貌女子，以及继承了有财有势男人遗传因子的孩子们，在那个时代被当作社会的优秀分子，过着无忧无虑的生活。

然而现代社会对待男女关系极其苛厉，如果政治家或商界大亨不检点的私生活被曝光的话，必将引咎下台。另外，一夫一妻制对人们的约束也比战前更严。不可否认，这种过度严苛的规范和戒律也是导致男人雄性指数降低的一个原因。

战后 50 年，人类体验了前所未有的科学文明进步的成果。在我们父辈的那个年代，人们从井中汲水喝、用水盆和搓衣板洗衣物的光景随处可见，如今似乎天经地义般用上了全自动洗衣机，许多人家还拥有烘干机，一按开关便吹出冷暖气来，煮饭也变简单了，还有微波炉和吸尘器等，各种各样让生活变得更加便利的技术发展之快令人瞠目结舌，走进24小时营业的便利店，各种现成的副食品应有尽有，现代化使得主妇们从繁重的家务活儿中解放出来，变得轻松多了。

但是，现代化却没有使男人像女性从日常的琐事中解放出来那样减轻工作的强度，甚至各种便利反而令男人的负担更加沉重。原先从东京出差到大阪需要住宿一晚，可现在却由于有了新干线而硬被要求当天来回；计算机使得工作更加合理化更加高效化，但却反过来将男人们捆绑得死死的……凡此种种，女性们因为便利得以减轻劳动强度，而男人们却因为便利反而增加了劳动负荷，因此，体现在现实生活中男女的实际情况就是男人们无法满足女性的能量需求。

除此以外，过去女性一般生育五六个孩子，而现在的女性大多只生一两个，在时间和精力上都处于相当从容的状态，尤其当孩子长大、不需花费太多心思的时候，妻子们有的是多余的时间和精力。而丈夫们光是每天上班就已经精疲力竭，根本无暇同家人从容不迫地相处，自然同妻子的性生活也无力应付，四十岁以上的丈夫对妻子几乎已经没有性爱方面的要求了。

如果妻子也外出工作，则两个人之间可能达到平衡，但妻子是家庭主妇的情况，夫妻间的平衡势必崩溃。倘若经济宽裕的话，妻子出去学点东西，培养些兴趣爱好以充实生活，或许可以转移或发散，若是连这点儿都做不到，那么妻子们就只有焦灼烦躁了。

《妇女公论》杂志经常为此鸣不平，刊登一些妻子们的不满和悲叹，诸如："丈夫从来不面对面和我深谈什么。""丈夫什么都不愿同我共享。""这样下去的话结婚还有什么意义？"但事实上，丈夫们真的是没有多余的精力同妻子面对面深谈或是共享了。

前不久，笔者到某市去访问时，当地一位每天忙碌不停的实业家告诉我这样一件事情——他的妻子是个家庭主妇，因为他每天早出晚归，于是妻子怀疑他是不是有外遇了，有一天，妻子突然歇斯底里大发作，拿起剪刀将他的五件衬衣剪成碎片。听了这个故事，我当时的感觉便是：专职主妇在一个小城市的日常生活是多么悲惨啊！她们每天拥有的只是时间，却没有任何事情可做，一个人好像被世界抛弃了似的整日发呆，渐渐地陷入被迫害狂想中，对丈夫疑神疑鬼。假如这位妻子有工作的话，她的视野会更加开阔，就不至于患上被迫害狂想症，只因她身为这个城市中响当当的名门之家的夫人，只能待在家中，然而时间一长，她不可避免地会产生心理问题，走上狂想之路。

总之，在现代社会中专职家庭主妇的存在本身就有问题，或许本来就是一种畸形现象。有不少人将多余的能量排遣到孩子身上，但是这样又会给孩子带来痛苦，尤其是独生男孩恐怕会成为最大的牺牲品。

要想从这种不健康的状态中解脱出来，笔者认为不必拘泥于一夫一妻制，不妨对一妻多夫制或者一夫多妻制等形形色色的夫妇形态更多一些宽容，或许在不久的将来，社会就会朝这个方向开始迈进。举例来说，一个妻子拥有一个工作勤奋又收入不菲的丈夫，生育孩子，但同时又可以拥有一个感受力丰富、可以满足自己性欲的男人。这是过去那种有权有势的男人同时拥有妻子和情人的翻版，应该说，也没有什么好别扭的。

总而言之，今后会有越来越多的女性不再从一个男人身上索求全部所需，而是分别要求不同的男人担负起不同的角色。换句话说，人类将再次回到动物的起点上，强悍的雌性动物可以拥有复数的雄性，而威猛的雄性也可以同时与复数的雌性发生关系，夫妇关系也会渐渐类于此。

不管怎样，一个男人和一个女性始终相伴、共度余生，并且心无旁骛，这是违背动物世界的基本原理的。但是现代社会用理性来控制人们的本能，用法律来约束人们的行为，勉强支撑到了今天。然而我们不禁要问：这样做的结果真的让人类得到了幸福吗？事实上，它只有使人们更加焦灼、痛苦，生活更加失去光彩。

坦率地讲，现代婚姻制度已经远远不能适应时代的变化，其种种弊端已暴露无遗，而这至今仍是近代人文主义的一个盲点。放眼欧美，离婚率、再婚率居高不下，我们是不是可以说：这一制度实质上已经开始崩溃了？

综上所述，现代社会使得男人丧失了作为雄性的光彩，雄性指数日益低下，长此以往，势必使得雌性也丧失作为雌性的风采，其结果便是性差越来越模糊，男人女性化，女性男人化，男女不分，最终将导致雄性和雌性同样丧失活力，子女出生率大大降低，社会日益老龄化，这种现象在发达国家已经相当严重。相信人们在心底一定会抱有这样的疑问：这样下去能行吗？！

话题转回到笔者本人身上。笔者之所以会想到写《失乐园》那样一部小说，是因为笔者产生了一种危机感：尽管现代的文明社会高度发达，但是与此相反，人类充其量不过是一群动物，由雄性和雌性构成群体，与地球上的其他动物无甚大别，而恰恰是这一原点不知什么时候已经被我们迷失了。既然作为有生命的物体来到这个世界，就一定要让生命放射出绚丽的光彩，让原本作为动物所应有的雄性和雌性的光彩重新焕发出来。《失乐园》的出发点就是试图在包括性爱在内的博大永恒的爱之中来展现这一生命主题。

令人欣慰的是《失乐园》在读者中引起了巨大反响，这说明许多人内心深处也抱有和笔者同样的危机感，他们对于人类回归到雄性和雌性的原点上怀着本能的憧憬和期待。还有许多女性忠心祈愿男人更加像个雄性，因为她们感到威猛强悍的雄性久已缺失，因而有着强烈的饥饿感。通过读者的反响使笔者注意到上述问题，于是欣慰之余，更感受到了莫大的鼓励。

从这个意义上说，人类仍然有希望，好比钟摆，当摆锤摆动至最远端时，自然而然会朝相反的方向回摆。

总而言之，希望只以有限的规范和道德戒律限制一切，强迫所有人顺从同一价值观从而令人感到窒息的时代能够在 20 世纪内寿终正寝。日本语的词汇中有“不伦”一词，如果发生婚外恋情就是不符合伦理的话，那么硬要使没有一点爱情成分的婚姻维系下去究竟符不符合伦理呢？笔者想绝不应该是这样的。不顾一切地热爱自己真正喜欢的人，这难道不是人类最本真的面目吗？只有这样，才是符合伦理的。

或许在 21 世纪，人们的视野更加开阔，也更加自由，可以重新回归到人类的原点，如果忘却这一点，人类将会更加不幸。面向 21 世纪的我辈已经渐渐意识到了这一点，并开始对诸多问题产生了疑问：现代婚姻制度未必能让我们幸福，一夫一妻制未必是最理想的男女关系形态。

在新的世纪中，这些问题还将被人类更加深入地加以探讨。21 世纪人们将会更加自由，对形形色色的价值观念也会更多一分宽容，世界将变得不再令人感到窒息。为此，本世纪中人们必须加快立法步伐，制定诸如消除歧视非婚生子女的法律，让法律进一步完善。

以上，我们从各种角度探讨了“男人这东西”。女性读者中或许不少人会不以为然，认为这毕竟是笔者的个人看法，不能代表所有男人的普遍看法，至少她们的男友或丈夫就不是这样想的。诚然，一言以概之曰男人，其实男人也是百人百样、形形色色的，因此这里所谈到的男人绝对不能涵盖所有的男人。然而恕笔者斗胆说一句：以上我们所探讨的是大多数男人所共有的东西，即是适用于大多数男人的最大公约数性质的东西，从这个意义上说，应该是八九不离十的。或许有的女性会说：自己的恋人或丈夫可不是这样的男人。但是，她们的恋人或丈夫只不过担心陷自己于不利的境地，因而没有向对方袒露心迹而已，其真实想法差不多和所有男人都是一样的。

总之，男人和女性永远是存在分歧的两种不同生物。因此，对于男人的真实想法或者最本质的一面，女性是无法理解，也难以接受的。然而，即使不能接受，但至少得知道男人就是这样的东西，这对于构筑良好的男女关系绝对是大有裨益的。

正如本书开篇便阐述过的，男人和女性属于不同的群组，从本质上说是无法真正相互理解的，尽管如此，努力尝试着去理解和根本不做努力，其结果会有天壤之别。即便无法理解，只要知道了真的是男女有别，那么也会成为对异性产生新的好奇和眷恋的原动力。

与其说这个世界上有男人有女人，不如说这个世界上只有男人和女人。因此，男女之间理应相互理解，培养关心对方的观念以及对对方的感性想象，从而建立起更加丰富多彩，更加充实的男女关系。

原来是这样

作家　俵万智

读完这本书，花了我好长时间。这样通俗易懂，又这样费时间的书其实不多见。那为什么会这样？因为在读的过程中，我总会情不自禁地想到或忆起那些曾经遇到过的“男人这东西”，并且沉浸在记忆中，于是时间便不知不觉地逝去。

有时会抱头悔恨，有时又会捶一记膝头：原来是这样！总之，这本书中探讨剖析了男人心底深处林林总总的东西，掌握一点，有益无害。

男人这东西——以这种极其口语化的口吻来探讨一个复杂伤脑筋的问题，实在不是桩轻巧活儿，特别是谈到男人的个性差异之类的话题，现今流行的说法是：“男人用两个字就可以概括了，但实际上男人之间也是千差万别，各色人等都有。”这种套话听上去很有说服力，可出乎意料的是，现实生活中的男人个性令人眼花缭乱，以致迷失了本质，导致恋爱失败的例子太多了。

本书属于一般论的范畴。所谓一般论，一般来讲多是内容空洞语言乏味的东西，尤其是涉及恋爱主题的，读者自然希望“不要只讲一般的，说说你自己的体验吧！”而本书作为一般论的随笔，却写得如此生动有趣，还能如此具有说服力，让人不得不信服，着实令人称奇。这或许得归功于作者非同一般的生活体验以及深刻的洞察力。有些话作者虽然没有说出口，但是那些看不见的部分，也都有诸多证据加以佐证，从而无须作者明言，便自有一种说服力。

因为作者是男人，所以了解男人这东西——若这样想就错了。对于世界上独一无二的男人——自己，人们不是还常常产生误解吗？所以说，并不是作者是男人的缘故，才写得出这本书，而是因为作者是男女关系问题方面的达人，所以才写得出来。

关于男人和女人的关系，我只能算个修行者，所以要我写出多少关于本书的解说，实在是强人所难。下面只是关于我在阅读本书时所想到的、记忆起的以及沉浸于其中的一些事情的记录。

第二章中写到的时机，对女人来说也是件十分迷惘和苦恼的事情。信号发早了，会不会被误认为轻浮？而且“早”或“晚”的标准是因人而异的，更加让人恼火。书中写道，“其实并非女性毫无此意，只是时机错过了”，而一旦失败，多数男人不敢再尝试去做第二次挑战。

就像书中所举的事例一样，我也曾有过男生带我一同驾车兜风，然后送我到家门口的经历。当时，他提出想进我屋子，我对他也有好感，“其实并非毫无此意”，但是那天我还是拒绝了。“嗯，屋子里太乱了，下次吧！”——或许他把这当成了绕个圈子委婉回绝的借口，从那以后，就像渡边先生所说，这个“下次”就再也没有出现过。

可我并没有找借口回绝他。当时屋子里真的很乱。早知这样，出去兜风前就先把屋子整理一遍了……我反省着，恨自己一点也没有预见。

一般人在约会之前总要洗洗澡、精心挑选两件衣服，手忙脚乱的，哪里顾得上整理房间。再说，我是想摆放一束鲜花，将房间收拾得干干净净迎接他第一次的到来呢。当时如果正好整理过屋子的话，我和他的关系就会大不一样了。——我不由得陷入了沉思。

顺便说一句，内衣裤也常常会成为分手的一大理由。即使氛围营造得再浪漫，即使已做好接受他的心理准备，但如果对方套了一条纯白色、肥肥大大的内裤，绝对——没戏。

这种时候，“你今天穿了条松松垮垮的裤子，我不喜欢……”这种话又说不出口，只好忸忸怩怩、含糊其辞地回绝他。这样又不会再有第二次。

第五章中写道：“一般来说，男人总是会对女性的过去产生强烈的嫉妒。”就在最近，我作为嘉宾出席了由两位男士主持的一档电台节目，刚好媒体不久前报道了木村拓哉同工藤静香结婚的消息，于是话题自然转到这上头。两位男士异口同声地说道：“演艺界人士最痛苦的事情就是知道自己妻子过去的男人是谁，比如静香，现在还同那个人在一起工作，木村真是了不起，心胸太宽阔了。”

我个人觉得只要两个人互相信任，过去的事情真的算不了什么。可是这两位男士却似乎不买账：“如果换了我，她亲口告诉我以前跟这个男人交往过，我立马就跟她分手！”这话当然一半是开玩笑，但另一半确实也是认真的。

记得以前有一次同塚浩平在谈话节目中对话，我说：“我喜欢有故事的男人。所以，听他讲起以前的恋爱不但不会生气，还会感到很有趣。”（至今我还是这样想）结果他回我一句：“女人真是搞不懂啊！”接下去他说道，“假如两个人在街上走，对面走过来一个女的，男人说‘这个女人以前同我有过关系哩’，又走过来一个女的，又说‘这个女人以前同我有过关系哩’。难道这样的人是你理想中的男人？”真不愧是剧作家（或许应该说真不愧是浩平先生），我也为他突然之间想象出来的这样一个极端场面而觉得好笑。

其实我所说的“故事”不是指这个，而是觉得阅历颇丰、品尝过各种喜怒哀乐的人更加有魅力。

第六章中“男人为何流连花巷”对于女人来说确实是个难解的谜，因而读来很有意思。我有个朋友，潇洒倜傥，基本上不用去那种地方消遣，但他也认为：“即使有十个女人，男人还是会去风俗街找乐的。”我问：“为什么？”他只答了一句：“这就是男人嘛。”我穷追不舍地又问了他几遍“为什么？为什么？”他竟想当然地说：“噢，你男朋友去那种地方玩，所以你在为此苦恼吧？”接下来，他又是劝慰，又是发挥起出色的想象力：“其实完全没必要为这种事情苦恼。”“是不是他把在那里学会的技术用到你身上来了？”于是我不得不将话题岔开去。

在读第十章“花心与真情”、第十三章“绝对的爱”的时候，思绪渐渐地距离“结婚”越来越远。自然，如何在倦怠以及惰性中将夫妇关系维系下去？这里面教给了我们许多有用的智慧。

有个词叫“恋爱结婚”。可恋爱与结婚即使短时间内可以合而为一，并立而存，但要长期维系下去却是非常困难的。不管怎样，希冀爱情的人最好对结婚打消期待，而希冀结婚的人最好对恋爱打消期待——以这样的心态去面对恋爱和婚姻或许比较好吧。这样的结果是，结婚后爱情的因素也没有多少减少，或恋爱可能进一步发展为婚姻，将恋爱和结婚两不误视为额外的赐予就好了，人生就会轻松些。

三十来岁的时候，这话经常往耳朵里钻：“为什么还不结婚啊？”如今已经不大听到周围人这样问了。

我并没有下定决心坚决不结婚。我的愿望很单纯：适当的时机、适当的结婚对象，以及通过结婚必将构筑起更为牢固的完美的关系的信念——当确信自己已经做好准备的时候，毫不犹豫地结婚！结果，我直到现在仍未结婚。

如果以本书中数度登场的《源氏物语》时代的那种婚姻形态来看的话，我则可以说是已经结婚了。因为按说他走婚三次，便算正式结婚，所以我是个已婚女人了。可见，结婚的标准也是随时代而变化的。

现今的婚姻制度从恋爱的角度看，是多么荒唐，读过本书你就会深切领会了。而在离婚率较低的日本，更是助长了其荒唐的程度。

我以一个女人的感性，终于意识到了我为什么远离婚姻的理由，那就是：我喜欢恋爱。

渡边淳一经典作品集 · 两性随笔

“两性情爱指引四部曲”之一
《男人这东西》

“两性情爱指引四部曲”之二
《女人这东西》

“两性情爱指引四部曲”之三
《丈夫这东西》

“两性情爱指引四部曲”之四
《欲情课》

文治 wénzhì

微博：http://weibo.com/wenzhitushu
小站：http://site.douban.com/wenzhi